基于经济外部性的
中国企业社会责任研究

JIYU JINGJIWAIBUXING DE ZHONGGUO QIYE SHEHUI ZEREN YANJIU

孙晓妍◎著

山西出版传媒集团
山西经济出版社

图书在版编目（CIP）数据

基于经济外部性的中国企业社会责任研究／孙晓妍
著．一太原：山西经济出版社，2019.5
　ISBN 978-7-5577-0490-2

　Ⅰ．①基… Ⅱ．①孙… Ⅲ．①企业责任－社会责任－
研究－中国 Ⅳ．①F279.2

中国版本图书馆 CIP 数据核字（2019）第 086860 号

基于经济外部性的中国企业社会责任研究

著　　者：孙晓妍
选题策划：范继义
责任编辑：李春梅
装帧设计：人文在线

出 版 者：山西出版传媒集团·山西经济出版社
地　　址：太原市建设南路 21 号
邮　　编：030012
电　　话：0351-4922133（市场部）
　　　　　0351-4922085（总编室）
E－mail：scb@sxjjcb.com（市场部）
　　　　　zbs@sxjjcb.com（总编室）
网　　址：www.sxjjcb.com

经 销 者：山西出版传媒集团·山西经济出版社
承 印 者：廊坊市海涛印刷有限公司

开　　本：710mm×1000mm　1/16
印　　张：12.5
字　　数：182 千字
版　　次：2019 年 7 月　第 1 版
印　　次：2019 年 7 月　第 1 次印刷
书　　号：ISBN 978-7-5577-0490-2
定　　价：48.00 元

目　录

1 引 言

1.1 选题背景

改革开放以来，我国经济在快速、稳定的发展快车道中稳步前进，国民经济显著提升，企业、居民收入明显增加。但是，如若经济的高速增长以环境污染、危害公众健康、威胁生命作为沉痛的代价，这种增长趋势则将难以为继。近年来，雾霾污染、三聚氰胺毒奶粉、交通拥堵等重大的公共问题，迫切要求我们在追求利润最大化的同时，综合考虑两个问题：一是，宏观环境的变化对企业经营管理策略的影响；二是，企业生存造成的经济外部性对其所在区域社会福利的影响。事实上，企业的生存依赖于特定区域的空间地理环境和宏观政策，从而形成有别于其他区域的经济发展模式，而在特定空间的约束下，刚才提出的两个问题集中体现在"宏观环境→企业经济活动 ⇌ 社会福利→宏观环境→企业经济活动 ⇌ 社会福利→……"的传导机制中，即宏观层面的微小变动，引起受影响区域的企业调整其经营策略，并以企业社会责任报告（*Corporate Social Responsibility Reporting*，以下简称 *CSRR*）的形式披露经济策略变更产生的外部性，影响到社会福利水平，进而在促进企业经营策略改进的同时，进一步修正经济运行依赖的宏观空间约束，修正后的宏观环境再次影响到企业经营发展轨迹……最终形成往复循环的特定区域空间的经济发展模式。这种传导机制的关键点是特定空间下的社会福利水平（可界定在中观层面），连接着微观企业绩效、宏观空间约束两个层面，不仅与企业经济活动之间存在关联，还会影响宏观环境的调整，进而促进企业生存空间的经济进步。更进一步来说，宏观、中观、微观三个层面之间的相互联系和影响结果恰好都体现在 CSRR 中，非常有必要展开深入的科学研究。

我国企业社会责任（*Corporate Social Responsibility*，以下简称 *CSR*）的兴起，大致可追溯至国有企业的"企业办社会"的计划经济时代，但当时的国有企业仅是政府的某个部门，只需对政府、员工进行履责。随着改革逐渐深入，为遏制企业片面强调利润最大化对社会福利、生存环境的恶性影响，我国政府相继出台若干法律法规，为企业履行社会责任创造基本的法律环境，并在 2006 年的《中华人民共和国公司法》中首次明确规定公司要"承担社会责任"，深圳证券交易所也发布《深圳证券交易所上市公司社会责任指引》，引导企业主动履行

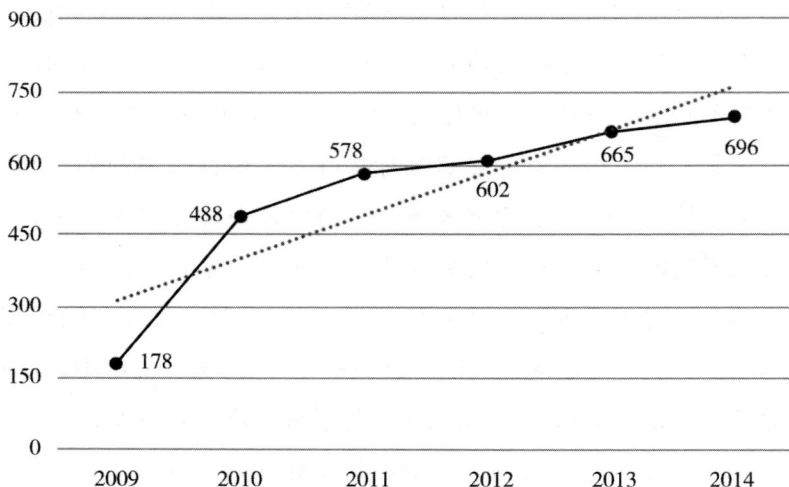

图 1-1　2009～2014 年发布 *CSRR* 的上市公司数量变化趋势图

资料来源：根据 *CSMAR* 数据库上市公司社会责任子库的数据汇总整理绘制。

社会责任。至此，部分国际化企业开始通过扶贫和捐赠承担社会责任，并逐渐延伸至其他领域，主动对外披露 CSRR，从而带动更多的企业提升 CSR 的意识，推动 CSRR 的披露数量呈现急剧上升的趋势。截至 2014 年底，我国沪深两市 A 股上市公司有 696 家践行 CSR 并主动对外披露 CSRR（见图 1-1），为企业社会绩效与企业财务绩效的相关探讨提供了真实可靠的研究数据。

1.2 研究目标、内容与意义

2013 年底，国际综合报告委员会（The International Integrated Reporting Council，以下简称 IIRC）在 CSRR 广泛应用的基础上，发布国际综合报告框架（The International IR Framework，以下简称 IIRF），建议从财务、环境、社会及治理的角度，整合上市公司的信息，清晰、系统地表述本企业创造的价值，以及企业发展对其所处环境、社会产生的外部性，并希望从短期、中期、长期三个时间维度来综合评估企业创造价值的能力，揭示传统财务报告无法诠释的潜在价值。IIRF 的发布，无疑将 CSR 推向一个更广阔的研究空间。

实质上，IIRF、CSRR 的主旨是期望企业绩效、社会福利能在特定的宏观约束下实现同步优化。虽然 IIRF、CSRR 的多数信息是定性描述，但总能结合财务报告的定量描述，以数据化的形式与社会福利之间存在某种函数关系，从而构建宏观环境、企业绩效、社会福利之间的分析框架，恰是本书的研究主题。

1.2.1 研究目标

基于经济外部性视角，本书从社会福利理论出发，研究特定的宏观空间约束下 CSR 对企业自身发展的修正功能。具体来说，本书拟达到如下研究目标：

1）考察在遵循宏观约束的前提下，*CSRR* 反映的非量化信息对当地社会福利、企业绩效及其发展趋势产生影响，充分运用财务报表之间的钩稽关系数据化 *CSRR* 披露的内容，构建 *CSR* 的研究框架，将宏观约束与企业绩效、税负贡献等研究视角相结合，为企业稳定发展提供理论依据和实证参考。

2）基于信息不对称产生的道德风险，在企业声誉的外部评价体系下，探讨资本市场对企业声誉的反应，即资本市场对企业声誉体现的经济外部性的反应，分析 *CSR* 与企业声誉之间的相关性，考察资本市场对 *CSR* 选择性披露的反应，为监管机构进一步完善 *CSR* 的披露规范提供统计证明，提升利益相关者的辨识能力。

3）通过构建财务报告与 *CSR* 之间的统计模型，分析 *CSR* 引导企业树立公民意识和长远发展意识，鼓励企业在追求利润的同时，协调所处经济环境的发展，减少经济活动带来的负外部性，追求社会价值最大化，提升社会福利，推动产业结构的优化，刺激经济持续增长，为转变经济增长方式提供理论依据。

1.2.2 研究内容

基于会计视角，*CSRR* 可被认定为企业财务报告的扩展，属于自愿性披露，反映企业应遵循的宏观政策以及某些经营管理等方面的改进，是企业自觉接受利益相关者监督并不断自我优化完善的直接表现形式。

1.2.2.1 税收贡献对社会福利的影响分析

国家征税的目的是满足公共品的需求，多用于改善民生、提升社会福利。已有文献（*Lanis& Richardson*，2012）证实企业自愿披露 *CSRR* 可降低税务筹划，增加税收的贡献，两者之间存在一定的相关性。但是，披露 *CSRR* 所提升的税收贡献与社会福利的改善之间是否存在统计上的意义呢？换句话说，国家税制体系对企业生产经营的约束可反映在 CSRR 的税收贡献中（即 CSRR 披露税负与以税负最小化为目标的税务筹划之间的关联），而这种约束产生的税负又可传递至企业所处区域的环境中（即税收贡献与当地社会福利改善之间的关联），从而间接地验证国家宏观税制结构的合理性、税收目标的实现性，推动国家税制结构的调整。

近年来，我国逐步推行结构性减税政策，其中影响最为明显的是营业税改征增值税的税制改革（以下简称"营改增"）。然而，深究其原因，不难发现，营业税自身存在的重复纳税、税率多样化等缺陷，造成部分行业的企业收益较低、税收负担相对较重、税务筹划明显的结局，从而推动营改增、降低企业税负、提升企业盈余，给当地社会带来更多的福利。当然，其他税种的政策调整也会通过企业的税收贡献来影响社会福利的改善。

本书试图运用我国特定行业的企业财务数据，选取特定税种，首先验证 CSRR 自愿披露税收贡献的行为与税务筹划之间的相关性，然后再从宏观视角运用调研等研究方法，验证用于民生的税收收入与地方企业税收贡献之间的关系。

1.2.2.2　CSR 对研发创新能力的驱动分析

创新能力是我国近年来大力倡导并扶持的持续性发展能力，对于增强国家综合实力，提升企业竞争力，具有深远的意义。企业在降低能耗、技术更新、产品开发、成本管理等方面采用的新方法、提出的新思路、设计的新流程，都是企业创新能力的提升，并在 CSRR 中予以自愿披露，对于改善所在地的生存环境、提升当地社会福利、凸显企业自身具备的可持续发展能力和强烈的社会责任感等方面，都产生了重大的影响。本书按区域选择特定行业，围绕 CSRR 披露的创新进步，结合财务报告提供的研发费用数据，分析不同企业运营目标对研发创新能力的驱动情况。

1.2.2.3　CSR 对企业声誉的影响分析

企业经济活动产生的外部性还可体现在企业外部相关利益群体对

企业声誉的评价，是相关利益群体对企业运营成果的客观评价。企业声誉是外部评价指标，是来自于企业外部的利益相关群体对企业的社会认同度，多集中于对社会贡献的评价。

近年来，《财富》（中文版）、《经济观察报》等众多财经媒体依据各自的评选标准，对中国公司的年度调查数据进行企业声誉排名，评选出较为权威的"最受赞赏的中国公司""中国最受尊敬的企业"等社会认可度较高的公司名单，是对获奖企业经营成果、社会贡献的最直接、有效的认可，良好企业声誉的证明。CSR 从多个维度构建企业的综合评价体系，致力于维护和满足企业相关利益群体的多方需求，寻求企业运营和社会贡献共同进步。

本书分两步分析企业声誉与 CSR 之间的相关性：一是探讨企业声誉的市场反应，阐释投资者对获奖企业的认可度；二是在市场反应分析的基础上，分析 CSR 和财务绩效对企业声誉的影响情况，有助于管理层对照 CSR 的构成要件修正经营管理中存在的疏漏点。

1.2.2.4　CSR 与员工忠诚度的耦合机制分析

企业在经营发展过程中，需要忠诚的员工长期坚守在关键岗位上，而企业员工的薪酬结构、各种福利待遇、教育培训情况以及职位晋升情况，都在很大程度上影响员工对企业的忠诚度，从而影响企业发展的稳定性和可持续性，也影响当地经济的发展水平，是企业在 CSRR 中重点披露的内容之一，是企业改善当地社会福利应重点关注的内容，而员工忠诚度仍可反转过来影响企业的未来发展策略，影响当地经济发展的稳定性。

目前，已经有众多企业实施各种薪资激励等措施来提升员工对企业的忠诚度，维护本企业利益，激发员工的工作热情，降低道德风险，这属于企业给予社会福利的变化对该企业后续发展的影响。本书结合上市公司财务报告披露的员工薪酬福利等情况，构建多元回归模型，分析构成员工忠诚度的偏好因子及其与 CSR 的双向忠诚耦合情况。

1.2.3 拟解决的关键问题

1.2.3.1 引入经济外部性,分析 CSRR 披露的企业经济活动后果

企业为实现受托责任而实施的一系列经营活动,不能脱离所处的经济环境而独立实现的,势必在一定的约束下将产生的经济活动后果传递到社会,从而形成经济外部性,对该地区的居民福利产生影响,进而影响所在区域的经济发展和社会进步。但是,经济外部性的范围非常宽泛,有的数据较难取得和计量,如环境污染指数,需根据企业经济活动可能产生的外部性,结合企业所在区域的经济特征,围绕 CSRR 披露内容,分离出易于计量的外部性项目。

1.2.3.2 CSRR 披露的非数据化信息转换为可进行统计分析的数据

CSRR 披露的大量信息多以文字、图表为主,难以构建数理模型进行统计分析。本项目的重要难点是结合 CSRR 的非数据化信息与财务报告的财务信息,转换非数据化信息为易于定量分析的数据信息。这个转换过程会通过增设某些非数据信息的替代变量,或运用问卷调查的形式汇总转换为数据形式,以便在此基础上构建分析模型。

1.2.4 研究意义

当企业在特定的宏观空间约束下追求自身利益、积极创造股东财富的同时,越来越多的领先企业开始关注他人、社会对其经营理念、环境保护、慈善捐助等问题的评价及反应,期望企业经营活动的外部性能在社会地位、市场份额、企业价值等方面有所提升,以实现更持续的发展。本书基于区域发展的宏观约束,引入经济外部性,围绕我国认可的 CSR 体系展开系列研究,具有以下的研究意义:

理论上,本书引入经济外部性,在信息不对称理论、区域经济理论等理论基础上,厘清 CSR 对财务报告透明度、经济外部性、社会福利等因素的影响,探讨 CSRR 对财务报告的补充功能,结合宏观、中

观、微观三个层面，构建宏观空间约束下自愿披露的非数据化 CSRR 信息与特定区域社会福利之间的研究框架，分析 CSR 对企业经营活动自身的修正功能，充实 CSR 的研究视角和研究成果，拓展 CSR 的研究领域，为区域经济研究提供新的研究视角。

实务上，本书结合企业经济活动及其产生的社会变化，分析企业崇尚利润最大化可能产生的经济外部性及对社会福利造成的危害，探讨 CSR 对企业负外部性的修复功能，对区域经济健康发展的促进作用，有助于企业全面理解 CSR 为其持续发展带来的影响，有助于企业的相关利益者结合财务报告、CSRR 综合评价企业的经营成果，推广 CSRR 应用于更多的企业，推动该区域社会福利的提升，带动不同空间的同行业企业间、同一空间的不同行业企业间的共同发展，增进人民福祉。

1.3　研究思路、技术路线与研究方法

在经济学领域，已经有丰富的经济活动外部性及其对社会福利影响的研究成果，而将这两个因素引入管理学领域，并集中反映在 CSRR 中的时间较晚，研究成果也较少，仍有许多空白区域，是新兴的研究领域。近些年来，已有学者将研究焦点逐渐转移到 CSRR 与财务报告、企业管理、财务预测等因素的相关性研究，为利益相关者的决策提供现实的依据。

1.3.1　研究思路

随着国家为社会福利的提升、经济的可持续性增长制定日益完善的宏观政策，就要求企业更加重视雇员福利、环境污染、产品质量等社会责任的履行情况，围绕社会福利完善企业长期发展规划，从而优化产业结构，实现企业持续发展、社会福利同步提升的"双赢"成果。

本书结合上市公司财务报告、证券市场披露的重大相关信息，分别从税收贡献、创新能力、企业声誉、员工忠诚度四个角度来评定企业对社会责任的履行情况，而且还预期从 CSRR 的自愿披露、披露内容的角度分析 CSRR 对企业自身发展的影响。

如图 1-2 所示，企业经济活动受到宏观环境的约束，其运行结果影响所在区域的社会福利，而社会福利的变化既能反作用于企业经济活动，影响企业的长期发展状况，还能进一步促使宏观环境的调整，促进经济持续增长，推动社会进步。因此，企业经济活动与社会福利之间应存在相互优化机制，而宏观环境对企业经济活动约束的修正是通过"宏观环境→企业经济活动 ⇌ 社会福利→宏观环境→企业经济活动 ⇌ 社会福利→……"往复循环的路径间接实现的。本书基于以上思路，引入经济外部性概念，研究 CSR 披露对企业、相关利益群体的影响，考察 CSR 对社会进步的促进作用，优化经济发展的区域资源配置，体现经济发展的地理空间优势。

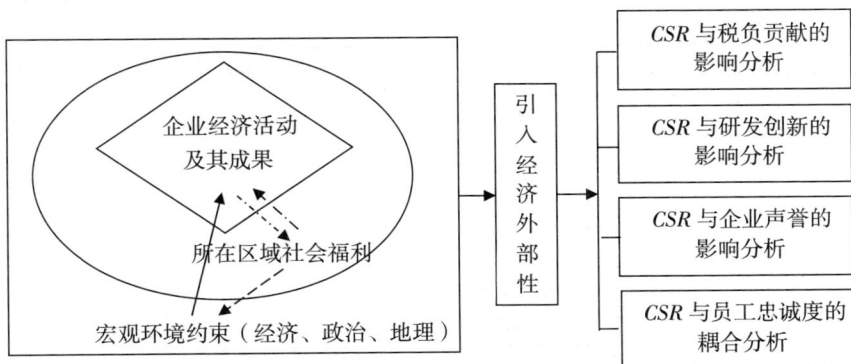

图 1-2 研究思路

资料来源：作者整理绘制。

1.3.2　技术路线与研究方法

1.3.2.1　研究的技术路线

具体而言，本书研究技术路线如图 1－3 所示，从 CSR 相关文献资料的搜集与整理开始，依据特定企业调研结果和调查问卷结果，对 CSRR 反映的社会福利问题进行分析，同时对宏观经济环境、自然生存环境、市场环境进行详细分析，总结中国宏观情境特征，进而提出本项目要重点研究的主要问题——中国宏观情境约束下 CSR 与社会福利之间的相互优化、CSR 对企业长远发展的影响。在此基础上，引入经济外部性的经济学概念，构建 CSR 与经济外部性的分析框架，在制度、区域约束下将 CSR 研究拓展至企业长远发展的领域，考察自愿性披露 CSRR 对企业税负、研发创新、企业声誉、员工忠诚度等企业长远发展目标的深远影响。

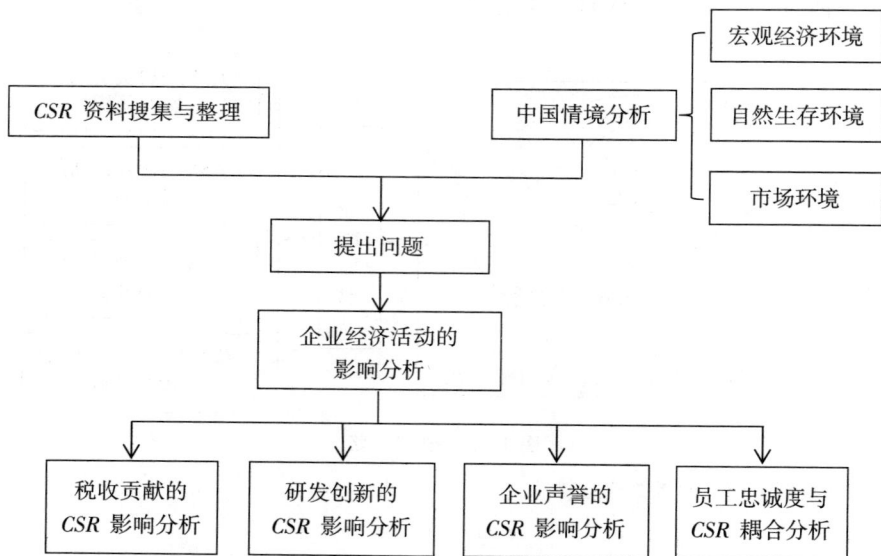

图 1－3　研究的技术路线图

资料来源：作者整理绘制。

1.3.2.2 主要研究方法

本书是一个有明确实际背景、积极跟踪国际研究前沿的应用研究，遵照密切联系实际的思想，基于经济外部性的视角，采用数理模型、事件研究法等研究方法，运用多元回归模型、$Logit$ 和 $Logistic$ 模型、面板模型等统计方法，研究中国宏观情境下，企业社会责任与税负贡献、研发创新企业声誉、员工忠诚度之间的影响机制，分析企业自愿披露 $CSRR$ 对自身长远发展、经营管理的影响，为意欲披露 $CSRR$ 的潜在企业提出实证参考。

应用经济外部性理论、产权理论、契约理论、信息不对称理论、区域经济理论等相关基础理论，引入企业经济活动外部性的指标，始终围绕 CSR，探讨 CSR 与各研究视角的相互作用关系，拓展 CSR 的研究领域，实现学科交叉，推动区域经济发展和经济增长。

1.3.3 研究框架

本书的研究框架图见图 1-4，主要包括三个部分：

1) 依据本书提出的研究问题，阐述我国企业社会责任的现实基础，界定企业社会责任的概念，并梳理企业社会责任与各研究视角的研究综述，归纳总结企业社会责任研究的相关理论基础，为实证分析提供可靠的文献资料和理论基础，是后续研究的逻辑起点。

2) 基于已有的研究成果，本书引入经济外部性的相关指标，从税负贡献、研发创新、企业声誉、员工忠诚度四个视角，综合评判企业履行社会责任对相关利益群体的贡献，是实现社会价值最大化的有效措施。具体来说，本书构建三个 CSR 影响分析框架，依次进行严谨的多个实证分析，分别为 CSR 与税负贡献的面板数据、CSR 与研发创新的多元线性回归、CSR 与企业声誉的事件研究和非线性多元回归、CSR 与员工忠诚度的多元回归，充分论证 CSR 与研究视角的相关性以及 CSR 对企业绩效的改进作用。

3）在前述的理论梳理和实证分析结论的基础上，为政策制定、监管机构、企业管理层提出切实可行的政策建议，并为后续研究指明方向。

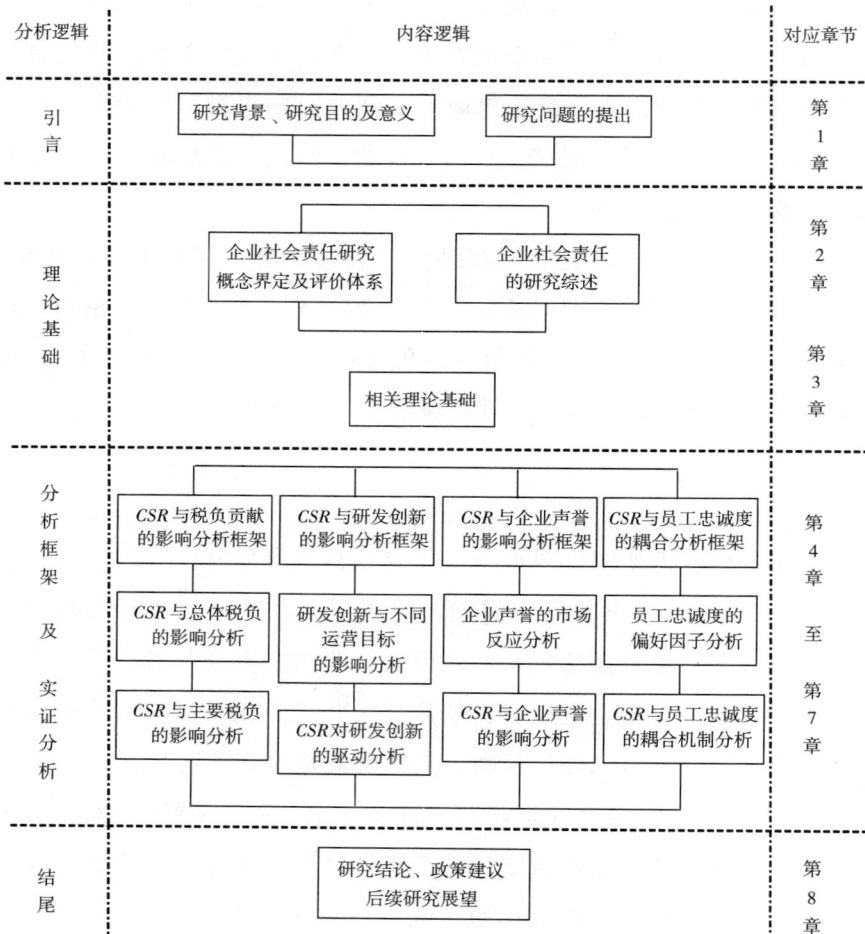

分析逻辑	内容逻辑	对应章节
引言	研究背景、研究目的及意义　　研究问题的提出	第1章
理论基础	企业社会责任研究概念界定及评价体系　　企业社会责任的研究综述　　相关理论基础	第2章　第3章
分析框架及实证分析	CSR与税负贡献的影响分析框架　CSR与研发创新的影响分析框架　CSR与企业声誉的影响分析框架　CSR与员工忠诚度的耦合分析框架　　CSR与总体税负的影响分析　研发创新与不同运营目标的影响分析　企业声誉的市场反应分析　员工忠诚度的偏好因子分析　　CSR与主要税负的影响分析　CSR对研发创新的驱动分析　CSR与企业声誉的影响分析　CSR与员工忠诚度的耦合机制分析	第4章　至　第7章
结尾	研究结论、政策建议后续研究展望	第8章

图 1-4　研究框架图

资料来源：作者整理绘制。

1.4　研究特色与创新点

1.4.1　研究特色

1.4.1.1　基于中国宏观环境下，引入经济外部性，拓展 CSR 的研究领域

大量文献均证实 CSR 可更为全面地反映企业对相关利益群体需求的满足程度，但是少有文献引入经济外部性分析企业自愿披露的 CSR 与税负、研发、声誉、忠诚度的相关性。对于某个企业的经营活动来说，必然在宏观约束下，对其相关利益群体产生特定的影响，非常有必要引入经济外部性，扩展 CSR 的研究领域。

1.4.1.2　考察企业经济活动外部性对各研究框架的影响

本书构建了 CSR 分别与税负贡献、研发创新、企业声誉、员工忠诚度的四个研究框架，均引入经济外部性，重点考察经济外部性对 CSR 研究体系的影响程度，有利于企业和相关利益群体更全面地理解 CSR。

1.4.2　创新点

1.4.2.1　引入经济外部性，分析企业经济活动外部性的经济后果

已有的研究文献多集中于依据企业经济活动自愿披露的 CSR 对企业自身发展的影响，很少在 CSR 的分析框架内引入其他要素。企业生存于社会中，其经济运行无法独立完成，必须依赖所处的宏观环境，而经营成果也必然传递至社会，推动社会中的某些变量发生变化，这便是企业经济活动的外部性。同样的，经济活动不断产生的外部性也会形成叠加作用，持续地影响企业的日常循环。本书引入经济外部性概念，深入解析企业经济活动及其成果传递至社会的经济后果的同时，

也详尽地阐述发生变化的社会变量对企业经济活动的反作用。

1.4.2.2　结合微观企业的运营目标，拓展 CSR 研究领域

CSR 对企业自身经营等方面的影响研究仍属于微观层面的研究，虽然有的研究采用大样本的统计分析，但仍未有实质性的拓展。本书引入经济外部性，将 CSR 与企业运营目标相结合，实现 CSR 研究领域在管理学、经济学之间的学科交叉，一方面有利于决策、监管机构评价宏观环境约束下企业履行社会责任对社会的影响和对自身的改进，为政策修正、加强监管提供理论和数据基础；另一方面有利于企业为实现持续经营而从长远发展目标来衡量日常经营行为，避免短期行为给社会和企业自身带来的损失。

2 文献回顾与评述

　　学界对企业是否应承担社会的信托责任一直存在争论，基本上可区分为两派：*Cornell*（1987）、*Freeman*（1991）和 *Sandra*（1997）等学者认为企业承担社会责任，自愿披露 *CSRR* 是财务报告的有效补充，可改善与利益相关者的交互关系，提升品牌知名度、企业价值和资本结构，增进社会福利，进而提升企业绩效，改善企业所在区域经济、生存环境；但 *Friedman*（1970）、*Aupperle & Carroll*（1985）则认为 *CSR* 可能令企业负担更高昂的运行成本，减少经济资源的回报率，降低企业绩效指标，无法实现利润最大化的企业目标。

2.1　企业社会责任的概念界定及评价体系

2.1.1　企业社会责任的概念界定

　　Clark（1916）首次提出 *CSR* 时认为，大部分的社会责任应由企业承担，并需要有责任感的经济原则，发展并根植于商业伦理中。*Sheldon*（1924）在《管理的哲学》（*The Philosophy of Management*）中界定 *CSR* 为经营者满足企业内外各种利益集团需求的责任。

　　Bowen（1953）出版的《商人的社会责任》（*Social Responsibilities of the Businessman*）被标志为企业社会责任概念构建的起点，*CSR* 被定

义为商人的义务，需按社会目标、价值观进行战略规划、权衡决策和经营运作。自此以后，伴随着经济环境的变化，CSR 被不断地定义、修正、重塑。

Keith & Blomstrom（1960）指出，若商人的决策和行为考虑到其对整个社会的影响，即是承担了相应的社会责任。[①] *Manne & Walich*（1972）界定的 CSR 需同时具备三个要素：一是，企业承担社会责任的边际收益低于其他支出的边际收益；二是，企业必须是自愿承担社会责任；三是，对外承担社会责任的是企业行为，而非个人行为。[②] *Miles*（1987）把 CSR 划分为社会责任、社会响应两个类别，既要对企业的历史行为进行社会责任的评估，还应包括企业对相关行业的宏观政策变化的响应。[③]

Frederick（1994）则指出 CSR 已发展至第二阶段 CSR2，即企业社会响应，更关注企业管理层与社会之间的关系，以及解决企业响应的外部制约因素的有效方案。[④] *Carroll*（1991，1996）将 CSR 区分为四个层次，即著名的"企业社会责任金字塔"（*Pyramid of CSR*）模型，基础层级为经济责任，追求股东财富最大化；第二层级为法律责任，企业需在法律规范的框架内运营，遵守经济运行的游戏规则；第三层级为伦理责任，即企业的日常生产经营应合乎伦理道德；最高层级为慈善责任，包括改善生存环境、社会捐赠等（具体见图 2-1）。

① Keith，D. & R. L. Blomstrom. Business and Society: Environment and Responsibility, 1984.

② Manne，H. G. & H. C. Walich. The Modern Corporation and Social Responsibility Washington D. C. : American Enterprise Institute for Public Policy Research, 1972.

③ Miles，R. H. Managing the Corporate Social Environment: A Grounded Theory, Prentice-Hall, Inc. , 1987.

④ Frederick，W. From CSR1 to CSR2. Business & Society, 1994, 33 (2): 153.

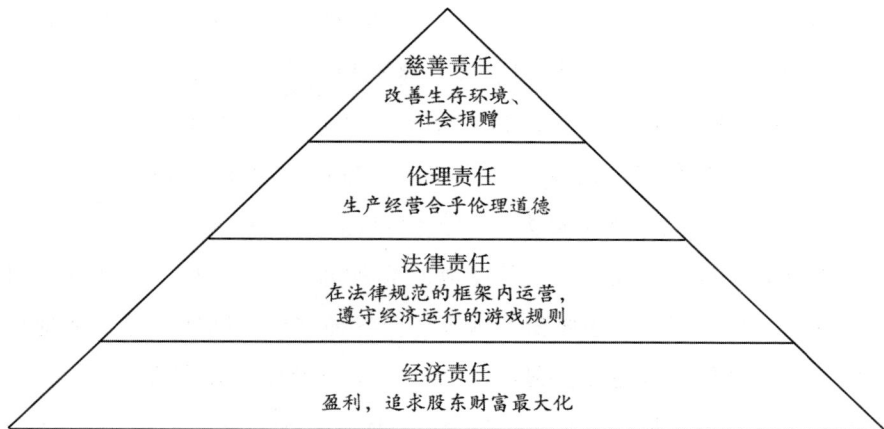

图 2-1 Carroll 的企业社会责任金字塔

资料来源：Carroll A. The Pyramid of Social Responsibility：Toward the Moral Management of Organizational Stakeholders. Business Horizons，1991.

随后，*CSR* 被界定为企业与各利益群体和自然环境的相互关系，是企业对利益群体的管控和对社会的影响（*Waddock & Graves*，1997；*Carroll*，1999）[1][2]。*Elkington*（1997）提出"三重底线"（*The Triple Bottom Line*）理论，要求企业的规划发展需同时考虑三个底线，即经济底线、环境底线、社会底线，是企业经济运营过程中必须履行的三个责任，是确保企业持续发展的最低责任，较好地反映 *CSR* 概念的多维性（*Servaes & Tamayo*，2013）[3]。该理论已逐渐成为解释 *CSR* 概念的共同基础。黄群慧，彭华岗等（2009）对

---

[1] Waddock，S. & S. B. Graves. The Corporate Social Performance Financial Performance Link. Strategic Management Journal，1997，18（4）：303.

[2] Carroll，A. B. Corporate Social Responsibility：Evolution of a Definition Construct. Business & Society，1999，38（3）：269.

[3] Servaes，H.，A. Tamayo. The Impact of Corporate Social Responsibility on Firm Value：The Role of Customer Awareness. Management Science，2013，59（5）：1045-1061.

Elkington 模型进行了修正，引入责任管理，结合中国国情，提出"四位一体"的 CSR 评价模型。吴月（2014）在低碳经济背景下探讨 CSR 被赋予的新内涵，建议构建 CSR 自律机制、完善立法监管、发挥行业引领、强化舆论监督"四位一体"的 CSR 实施路径，才能实现人的自由发展和人生幸福最大化的价值目标。

总之，企业不能仅以最大限度地追求利润为终极目标，应在寻求自身生存与发展的同时，还要积极响应社会各种需求和问题，尽可能地增进股东利益之外的其他社会利益，承担必要的责任（袁家方，1990；刘俊海，1999；杨瑞龙，周业安，2000；卢代富，2002)[1][2][3][4]。在经济全球化的时代背景下，CSR 可表述为企业对利益相关者的管理和对社会的作用，可大致区分为社会的经济责任、道义责任、伦理责任三部分（*Matten & Crane*，2005；田虹，2006)[5][6]。

分析以上研究成果不难发现，可以从狭义、广义两个层次上界定 CSR：狭义的 CSR 涉及的是微观的某个特定企业或行业集合，是基于法律规范，从该企业（行业）及其直接、间接的相关利益群体的视角出发，分析 CSR 应包含的具体内容及应重点披露的项目。如化工企业的 CSRR 应重点披露与环境保护有关的社会责任履行情况；而家电企业的 CSRR 则更应注重与消费者的售后服务、产品升级换代的研发设计等相关的社会责任。广义的 CSR 则是宏观的抽象企业集合，是针对特定区域企业的整体界定，并赋予伦理道德等方面更高的责任要求。

① 袁家方：《企业社会责任》，北京，海洋出版社，1990。
② 刘俊海：《公司的社会责任》，北京，法律出版社，1999。
③ 杨瑞龙、周业安：《企业的利益相关者理论及其应用》，北京，经济科学出版社，2000。
④ 卢代富：《企业社会责任的经济学与法学分析》，北京，法律出版社，2002。
⑤ Matten，D. & A. Crane. Corporate Citizenship: Toward an Extended Theoretical Conceptualization. Academy of Management Review，2005，30（1）：173.
⑥ 田虹：《企业社会责任及其推进机制》，北京，经济管理出版社，2006。

如辞退员工给予的辞退福利，参与企业所在区域的共同发展。实务中，狭义 *CSR* 与广义 *CSR* 之间经常相互融合、相互依存、相互促进，共同构成完整的 *CSR*（卢代富，2002；沈洪涛，2007）。

2.1.2　企业社会责任的评价体系

随着经济社会的不断发展和演变，各研究机构和学者们都试图构建较为全面、科学的逻辑方法来合理系统地评价企业履行社会责任的成果。

企业社会责任的评价方法主要是声誉指数法、内容分析法、环境指数法、第三方评级法等。声誉指数法是以问卷调查、查找新闻报道的方式取得有关企业社会声誉信息；内容分析法是以企业社会责任报告和年报为基础，从定性和定量两个角度，根据自定的社会责任各模块的重要性，对企业社会责任做出评价，但具有一定主观性；环境指数法是从已有的数据库中获取 *CSR* 信息，国外研究文献采用较为广泛；第三方评级法是由权威专业的企业社会责任评价机构，根据企业社会责任报告、年报、媒体报道等信息，参照一定的标准，对企业履行社会责任的情况打分或评级。

考虑到数据的可获取性、公开性和客观性，也为突出研究重点，本书拟采用第三方评级法来度量企业社会责任，*CSR* 数据来源于和讯财经网对外发布的《上市公司社会责任报告专业评测体系》，按研究所涉期间选取 2010～2015 年各上市公司的 *CSR* 评分结果（相关评测结构见图 2-2）。

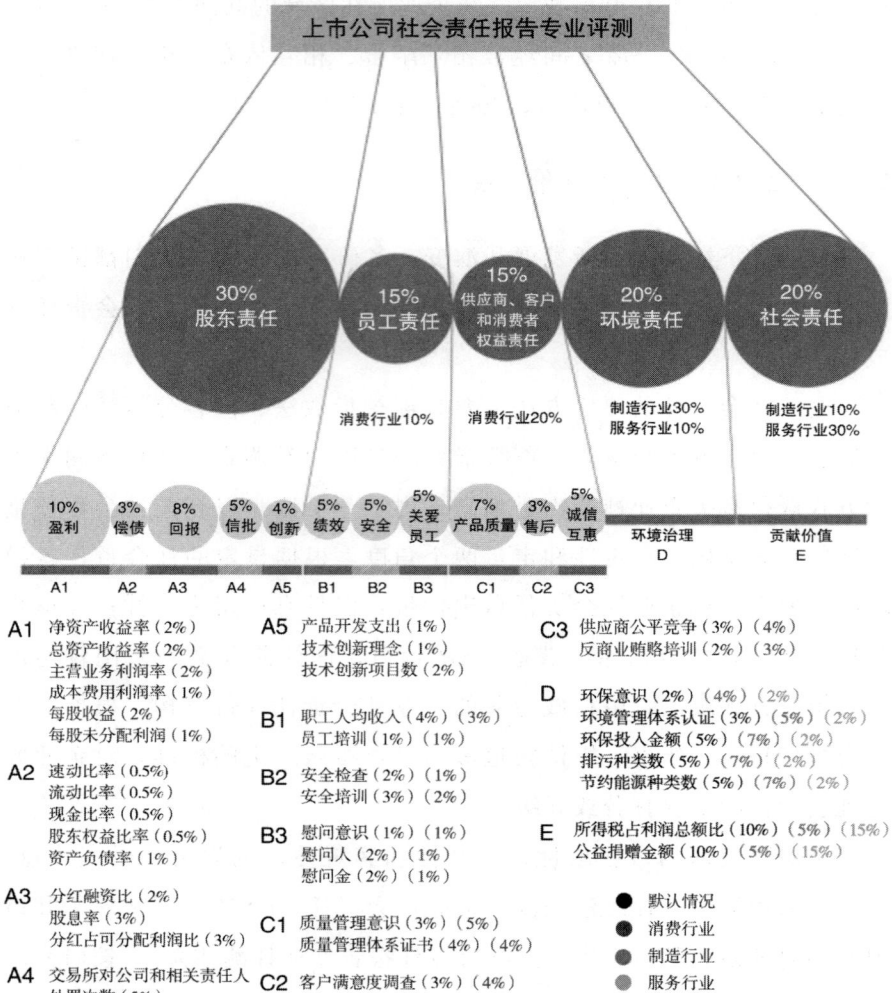

图 2 - 2　和讯网发布的 CSR 测评体系结构图

资料来源：和讯网。

2.2 企业社会责任与公司绩效的研究

2.2.1 CSR 积极提升公司绩效

Moskowitz（1972）对 14 家股票市场表现较好的上市公司进行历时 6 个月的分析，发现观测企业在 1972 年 1～6 月份的股价上升幅度高于同期美国三大股指[①]，认为经济驱动因素可推动 *CSR* 发展，证实 *CSR* 与公司绩效具有一致性，是企业承担社会责任的充分条件。*Bragdon & Marlin*（1972）、*Parket & Eilbirt*（1975）和 *Wood*（1984）选取 *ROE*、*ROA*、*EPS*、毛利率等财务指标，验证 *Moskowitz*（1972）的观点，证实履行 *CSR* 对公司绩效产生积极作用。

Freeman（1997）构建企业不履行 *CSR* 及非法行为的研究模型，发现市场极力排斥不承担 *CSR* 和出现违法事件的企业，佐证了 *CSR* 对公司绩效的积极影响。*Preston & O'Bannon*（1997）、*Waddock & Grave*（1997）选取 *ROA*、*ROE*、*ROI* 三个财务指标作为公司绩效的替代变量，从环境责任、产品责任、员工责任三个角度评价 *CSR*，研究发现以前年度的公司绩效会影响本年度的 *CSR*，而本年度的 *CSR* 则会影响以后年度的公司绩效，当企业改善社会责任状况时，对公司业绩具有正协同效应。*Stanwick et al.*（1998）从财富 500 强的公司名单中选取环境污染前 500 家的企业，结合公司声誉指数、盈利水平和销售额度三大指标，分析公司绩效与公司规模、盈利能力、污染排放量之间的关联性，进一步证实 *Preston & O'Bannon*（1997）的正

---

① 道琼斯工业指数（*DJIA*）、纽约证券交易所综合指数（*NYSE Composite Index*）、标准普尔工业指数（*Standard and Poor's Composite Index*）。

协同效应观点。

Simpson & Kohers（2002）分析 1993～1994 年间美国国家控股的商业银行时发现，作为 CSR 替代变量的社会再投资位次与公司财务绩效（ROA、贷款损失率）之间存在显著的正相关性。基于国际竞争视角，谭深，刘开明（2003）从短期、长期两个层面分析 CSR 对公司外贸绩效的影响，认为 CSR 虽然在短期内引起公司对外贸易下滑，对公司业绩产生负面影响，但在企业长远发展过程中，企业履行 CSR 可建立良好的国际公信力，促进公司对外贸易回升、业绩趋于好转。基于社会契约视角，陈宏辉，贾生华（2003）规范分析 CSR 是由显性契约与隐性契约共同构成的综合性社会契约，只有权衡利益相关者的合理利益需求，主动履行相应的 CSR，才有利于提升公司绩效和企业价值。

袁昊，夏鹏，赵卓丽（2004）构建企业所有者、经营者和外部关系人三位一体的 CSR 模式，分析得到其与公司绩效存在正相关性的研究结论。朱文敏，陈小愚（2004）意识到 CSR 是公司长期绩效的最终决定因素，即公司长期绩效取决于良好的社会公众形象产生的吸引力，而良好的社会公众形象又依赖于企业承担应有的社会责任，特别是道德层面的人文关怀，并构建公司绩效、企业社会形象和 CSR 的关系模型。*Menguc & Ozanne*（2005）构建澳大利亚 140 家制造业企业的环境责任与财务指标的分析模型，证实环境责任可提升企业的税后利润和市场份额，但与销售增长率存在负相关性。刘庆雪，何仲坚（2005）的研究发现，管理层增强履行 CSR 的意识可提升顾客忠诚度和人才吸引力，改善企业外部的政策制度环境，并降低市场交易壁垒。

唐更华，吴剑辉（2006）详细分析壳牌公司"股权至上"、忽视环境责任的管理模式所遭遇的消费者抵制、公共关系恶化、社会声誉急剧下跌的经营困境，深入探讨壳牌公司对社会绩效管理、利益相关者管理模式的改进措施，可有效兼容社会公众利益与企业商业利益，产生巨大的社会效益。*Montabon et al.*（2007）分析企业的环境管理行为对公司绩效具有显著的积极影响。基于利益相关者角度，李红玉（2010）的研究表明，利益相关者与股东之间不存在利益矛盾，企业对利益相关者的社会责任对公司绩效具有重要影响，*CSR* 与公司绩效具有显著正相关性。黎友焕（2010）研究发现，即使控制企业所在区域、发展规模和行业状况，*CSR* 与公司绩效存在正相关关系，两者相互依赖、互为因果关系。寇小萱等（2014）分析 *CSR* 对竞争力的影响，发现研究设计的 5 个 *CSR* 因子对企业竞争力具有显著的积极影响，提升企业竞争力。*Elliott et al.*（2014）基于情感信息理论（*Affect-as-information Theory*）分析 *CSRR* 可提高投资者对公司价值的评估值。

2.2.2　CSR 消极拉低公司绩效

为验证 *Moskowitz*（1972）的研究结论，*Vance*（1975）选取相同企业在 1972～1975 年间的相关数据，发现 *Moskowitz*（1972）研究样本的股价下滑，甚至远低于三大股指的均值。进而，*Vance* 选取《商业和社会》杂志上列示的声誉最高、最低的企业作为研究样本，发现 *CSR* 与公司绩效之间存在负相关性，认为履行 *CSR* 的企业并不是最佳的投资选择。

Ingram & *Frazier*（1980）的研究认为，企业履行社会责任增加运行成本，*CSR* 与公司绩效存在负相关关系，导致承担 *CSR* 较多的企业与不承担（或少承担）*CSR* 的企业在竞争时，处于不利的地位，财务状况也逐渐转为劣势。*Holman et al.*（1985）对 1973～1977 年《财富》杂志刊出的 500 强企业中的 49 家公司对外披露的年度财务报告、政府监督报告（界定为 *CSR* 构成体系）进行深入分析，发现市场对社会性投资比例较高的公司反应比较消极，导致这类公司股价下降。

Orlitzky（2013）认为 *CSR* 可能对证券市场产生负面影响，主要原因是 *CSR* 与公司的基本状况之间可能不存在系统的关联，而且投机

的管理层偏好于运用 *CSR* 向证券市场传递虚假信息，从而成为市场的噪声，进而形成更严重的噪声交易（*Noise Trading*），最终导致过度的市场波动。如何减少噪声交易，减少信息不对称对市场造成的不利影响，则是特定社会制度下的社会责任。

李正（2006）选取 2003 年上海证券交易所的 521 家上市公司的相关数据，分析 *CSR* 与企业价值之间的关联，发现当期承担 *CSR* 与企业价值负相关，但 *CSR* 对企业的长期价值没有显著影响。

2.2.3　CSR 与公司绩效关系不确定

McGuire et al.（1988）选取 *ROA*、销售增长率等财务指标作为公司绩效指标，依据《财富》的调查数据，分析 *CSR* 分别与前期、当期、后期的公司绩效的相关性，发现前期公司绩效可显著正向影响当前的 *CSR*，当期、后期的公司绩效与 *CSR* 之间不存在显著性影响。*Lankoski*（2000）则认为公司绩效与 *CSR* 之间存在倒 *U* 形的数量关系，表明适当改善 *CSR* 可提升公司绩效，但过度关注 *CSR* 会让企业负担过重，拉低公司业绩水平。而 *Mahoney & Roberts*（2007）对加拿大企业的 *CSR*、财务绩效进行面板分析，得到的研究结论是 *CSR* 评价得分与企业财务绩效之间不存在显著性关系。

陈玉清，马丽丽（2005）在分析我国上市公司社会责任会计信息披露现状的基础上，构建上市公司与利益相关者之间的社会责任指标体系，重点研究市场对上市公司社会贡献的真实反应，证实研究期间的 *CSR* 与上市公司价值之间的相关性并不显著。*Sabbaghi & Xu*（2013）探讨《企业责任》在 2010 年评出的 *CSR* 前 100 强企业的 *ROE*，认为公布 *CSR* 当天不会引起 *ROE* 有显著的提升，但会产生明显的累积异常收益率，为 *EMH* 理论提供支持，是上市公司自愿披露的利好消息。李姝等（2013）分析 *CSR* 与权益资本成本相关性的研究结论认为，*CSR* 有助于降低权益资本成本，且首次披露 *CSR* 对权益资本成本的影响最为显著，而 *CSR* 的质量与权益资本成本之间的相关性并不显著。

　　基于以上研究成果的整理分析，多数学者认可 *CSR* 对公司绩效产生积极影响的研究结论，部分学者持相反意见，更有少数研究者认为 *CSR* 与公司绩效之间不存在特定的联系。

　　事实上，影响公司绩效的因素非常复杂，国内（国际）经济环境、税收政策、企业合并、高管变更等扰动因素都在不同研究期间对公司绩效产生不同程度的影响，也会对 *CSR* 研究结论产生影响。正如 *Vance*（1975）在验证 *Moskowitz*（1972）研究结论时，仅是研究期间的变化就得到截然不同的结论。由此可见，*CSR* 与公司绩效之间的关系较为复杂，只能在相当严格的约束下得到特定的研究结论，而不能作为共性结论。

2.3　企业社会责任与公司治理的研究

　　王明亮，唐更华（2008）认为，*CSR* 理念推动公司治理结构的调整，应重新思考公司的功能定位，强化股东之外其他利害关系人的利益考量，重构公司治理结构。同时，必须在公司法律之外设计推动公司承担社会责任的其他法律机制。

　　Mason & Simmons（2013）整合 *CSR* 为公司、股东和广义利益相关者所共同关注的主题，探讨 *CSR* 与公司治理的相关性，认为依据公司治理的关键阶段来调整利润中心和 *CSR* 的关注点，却可生成商业性的、风险最小化的和主流化的 *CSR*。*Rahim & Alam*（2014）研究孟加拉国的疲软经济情境下，*CSR* 与公司治理的相互融合，认为两者的融合可改变公司的受托责任机制，提出社会责任约束的“公司自律（*Corporate Self-regulation*）”的观点，即公司在强势经济时期是管理和责任的综合体。基于公司治理研究和制度经济学理论，

Filatotchev & Nakajima（2014）分析公司治理、领导层的责任心、CSR 三者在不同制度环境下的相互关系，反对代理理论的公司治理研究仅仅把 CSR 作为其构成的条条框框，认为不同的领导目标、CSR 是公司治理中监管和激励的两个关系因素。*Young & Thyil*（2014）研究影响公司治理与 CSR 之间关系的直接因素，以及环境和制度背景对 CSR 和公司治理的影响程度时发现，CSR 是不同制度设置下相关机构推行的策略和最终反映。

Ayadi et al.（2015）深入研究了不同公司治理结构及其对美国上市公司的 CSR 与所承担管理风险的影响，发现 CSR 评分越高，上市公司承担的管理风险越高，而且不同的公司治理结构均证实了这一结论。他们认为，高额回报率的投资决策，需在管理上具有高风险的承受能力，这同样适用于 CSR 与管理风险之间的关系。因此，上市公司履行 CSR 应成为创造股东财富的重要手段，而不是浪费稀缺资源。

国际化进程愈加日新月异的当前，企业要想在竞争中取胜，必须关注其经济行为对社会和环境的影响，会传递给利益相关者，特别是股东（*Pintea*，2015）。因此，构建适当的公司治理结构可提升经济活力和经济水平，公司治理体系的主要目标是在全球化的背景下确保公司可持续性发展，CSR 可纳入公司治理体系中，增强公司对利益相关者的关注程度，提升社会福祉。

由于新的制度环境对合法性要求日趋严格，中国公司为保持竞争力，只得从境外引入 CSR。*Lau et al.*（2016）在考察新兴市场的公司治理机制对 CSR 的影响时，选取中国 471 家上市公司的财务数据，运用公司治理理论框架，分析董事会成员、股东、管理层成员对公司社会绩效的影响情况，证实独立董事、境外董事、具有境外从业经历的董事、国有股权、外籍高管、具有留学和境外从业经历的高管都对 CSR 具有正向的显著性影响，但股权集中度则对 CSR 具有反向的重要作用。*Hong et al.*（2016）从委托代理成本视角构建公司治理、高管薪酬激励

对 *CSR* 影响的分析框架，发现若公司治理结构对股东越有利，则高管薪酬与 *CSR* 绩效相关联的可能性越大，*CSR* 绩效作为高管的直接激励手段，可有效地提升 *CSR*，公司治理结构是对社会绩效进行管理激励的决定因素，高管履行 *CSR* 可提升股东财富，缓解代理成本。

2.4　企业社会责任与盈余管理的研究

在管理层未持有全部公司股权的前提下，*Jensen & Meckling*（1976）认为信息不对称造成管理层与股东之间的代理问题，委托代理关系使管理层具有盈余管理的偏好。盈余管理是管理层为特定目的而运用会计或交易手段改变财务报告列示的会计信息，导致以公司业绩为基础的投资决策被误导（*Healy & Wahlen*，1999），造成会计信息下降，损害员工、客户等相关群体的利益，进而侵害社会福利。

委托代理框架下，盈余管理实质上是商业伦理的缺失，*CSR* 可以较大限度地降低内部管理层滥用信息优势的行为，更注重会计信息披露的透明度。基于投资者保护视角，*Chih et al.*（2008）区分盈余管理为盈余平滑、盈余虚增、规避盈余亏损或下降三类，选取 1993～2002 年 46 个国家的 1653 个研究样本，结合 *CSR* 实证研究财务报告会计信息质量是否受到影响。研究发现，会计信息披露的透明度对各利益群体同等重要，履行 *CSR* 的企业不存在盈余平滑现象，对规避盈余亏损或下降不具有敏感性，但有盈余虚增的偏好，而且随国家执法力度的增强而有所缓解。

McWilliams et al.（2006）的研究结果显示，管理层实施盈余管理的动机主要是资本市场、经营管理和契约合同，以及最大化个人利益（改善工作环境、稳固现有职位等），而推行 *CSR* 既可维护各方相关群体的利益，还可实现管理层的个人目标。

Beaudoin et al.（2008）的研究证实，代理行为影响管理层实施

可操纵应计利润行为，当管理层薪酬依赖于公司业绩水平或会计信息时，则管理层会按个人估计或判断调整公司盈余，以使个人薪酬在两年内达到最高水平。

Prior et al.（2008）选取 26 个国家在 2002～2004 年间的 593 家跨国公司的财务数据，构建 *CSR* 与盈余管理分析模型。研究认为盈余管理损害相关群体的利益，*CSR* 与盈余管理之间存在显著的正相关性，履行 *CSR* 不仅会侵害公司绩效，而且还会为盈余管理蒙上一层"遮羞布"，成为盈余管理的借口。

Yip et al.（2011）在 *Francis et al.*（2008）证实的盈余质量与披露决策的相关性研究结论上，验证 *CSR* 的披露与盈余管理相关，但政治成本或道德倾向可减弱该相关性的显著程度。*Andersen et al.*（2012）按不同行业分析 *CSR* 与应计项目质量之间的关系，揭示应计项目质量与 *CSR* 显著相关，但不同行业的相关程度存在差异。

2.5　企业社会责任与资本结构的研究

基于资本结构的 *CSR* 研究，通常构建不同环境责任制度下企业资本结构的决策模型，探讨环境责任对企业融资结构的影响。理论上，环境责任制度是适当激励可能污染环境的企业，促使这些企业在日常运营过程中谨慎决策。但实务中环境事故的赔偿额通常远超事故企业的支付能力，导致事故企业通过破产逃避超额赔偿。本书将此类研究区分为以下几个方面：

2.5.1　企业承担完全责任

企业承担完全事故责任时，事故企业的破产风险增大，被称为无能力履行判决而消失的被告人（*Summers*，1983；*Shavell*，1986），而提升资本杠杆比率是有效规避责任风险的策略。

Feess & Hege（1997）首次证实不同环境责任制度的资本结构决策之间存在明显的差异，而且企业在完全承担环境责任时，会选择过度的债务融资，导致资本结构并未达到最优水平（*Feess & Hege*，2003）。

Ulph & Valentimi（2004）选用银行借款作为衡量企业杠杆水平的替代变量，实证检验美国 14 个行业的环境责任制度与资本结构的影响关系，表明企业因污染而承担的环境责任导致银行借款增加15%～20%。

2.5.2　债权人承担连带责任

债权人承担连带的事故责任会提升债务企业的财务风险，增加借贷的资本成本，遏制企业投资和经济增长。债权人应将环境风险纳入决策系统中，修正借贷契约的利率，以保障自身的经济利益（*Thompson*，1992）。

在信息不对称下，*Heyes*（1996）引入逆向选择、道德风险，构建借贷关系模型指明，借贷双方会利用各自的利润函数不断商讨，最终达成满意的贷款契约，债权人承担环境损害赔偿责任与利率之间的关系具有不确定性；若逆向选择的影响大于道德风险时，利率的上升才会增加资本成本，从而影响资本结构。

Garber & Hammit（1998）探讨 73 家化工企业执行超级基金法案（CERCLA，即综合环境反应、补偿与责任法案）对资本成本的影响，证实：①承担连带责任的债权人会影响企业的财务杠杆比率，恶化企业资本结构，而且与大企业的资本成本之间存在显著的相关性；②事后责任制度造成资本结构决策偏离最优水平，而债权人承担事后责任的比例与企业选择的融资工具紧密相关。

Feess & Hege（2003）意识到事后责任制度可导致债务企业的资本结构决策偏离最优水平，环境责任风险构成的内部化激励模式仅存在于银行借款的借贷双方之中。因此，责任企业的资本结构会出现两种变化趋势：①责任企业直接发行企业债券。由于持有债券

的债权人并不真正监管责任企业的日常运营，也不承担相关责任风险，责任企业的委托代理成本几乎可以忽略，导致责任企业举债过度，财务杠杆比率上升。②若银行借款成本＜企业债券，责任企业则会选择银行债务。但是随着银行监管产生的代理成本逐渐提升，企业则会转向代理成本更低的企业债券，从而恶化资本结构，财务杠杆比率上升。

Ulph & Valentimi（2004）则证实债权人承担连带责任时，只有银行债务产生的收益＞其成本时，责任企业才会向银行借贷。但是，若所有银行都承担连带的环境责任时，银行对责任企业的借贷额度会缩减至没有承担环境责任阶段，并低于仅由企业承担环境责任的借贷水平，导致企业资本结构趋于好转。

2.5.3 强制性财务担保约束

若责任企业管理层属于风险中性者，构建基于监督激励的强制性财务担保模型，可使承担全部环境责任的企业实现最优资本结构水平；若企业只承担部分环境责任，但同意来自外部机构的监管，则责任企业的资本结构仅能达到次优水平（*Feess & Hege*，2000、2003）。在允许责任企业事故前转移资产的前提下，且管理层属于风险规避者，则强制性财务担保约束仍使承担全部责任的企业具有最优的资本结构（*Feess & Hege*，2003；*Kambia-Chopin*，2007）。

2.5.4 强制性次级债务

相较于债务偿还，强制性次级债务模式要求责任企业必须优先支付环境事故赔偿金，即企业现金流出顺序不同于其他模式，不允许责任企业通过抬高财务杠杆的过度举债或申请破产来逃避环境责任，可较为有效地控制责任的资本结构（*Che & Spire*，2008）。

若环境项目没有风险，不仅债权人可以获取回报，责任企业举债额度也不会明显超过环境项目所需资金；若环境项目存在破产风险，该模式下的环境风险不会得到有效控制，但债权人会获取超额回报，而责任企业的债务规模也会维持在适当水平。

因此，*Che & Spire*（2008）认为，强制性次级债务模式是较为折中的环境责任制度，即缓解责任企业过度举债对资本结构的恶化作用，改善责任企业预防环境事故的激励措施，但同时将债务偿还顺序降为次优，降低借贷双方实施环境项目的积极性。

2.6 企业社会责任与企业可持续发展

Smith（1996）、*Jones*（1997）、*Maignan et al.*（1999）的经验研究早已证实投资者、消费者和其他利益相关者更偏好于社会责任表现优异的公司。公司的持续性发展要求管理层在解决大量不同但相互联系的自然环境、社会福利和经济繁荣的问题（*Gladwin et al.*，1995；*Bansal*，2002；*Lindgreen & Swaen*，2008）及其内在关系时，需借助管理层的认知能力（*Hodgkinson & Healey*，2008；*Porac & Thomas*，2002；*Walsh*，1995），而 *CSR*（*Andersson & Bateman*，2000；*Maon et al.*，2008；*Sharma*，2000；*Sharma et al.*，1999）则是分析公司持续性发展所运用的识别方法。

胡孝权（2004）认为 *CSR* 是企业可持续发展的基础，主动履行 *CSR* 可为企业拓展生存空间，增强企业差异化优势，创造良好的社会声誉，建立与客户、员工的良好关系，提高市场竞争能力，是企业、社会、经济、生态四者可持续性发展的关键。樊行健，颜剩勇（2005）的研究指出，企业履行社会责任与其可持续发展和相关者利益显著相关，企业的社会责任财务分析可进一步完善现有财务分析内容，更有效地满足利益相关群体的决策需求。*Hahn et al.*（2014）构建与宏观经济发展相一致的、由环境和社会等因素构成的企业持续性识别框架。

2.7　企业社会责任与企业声誉的研究

当企业遭受危机时，由于企业享有不同的声誉，导致企业受到的是不同程度的负面冲击。而 CSR 的企业声誉起到"软垫"似的缓冲作用，拥有良好 CSR 声誉的企业在危机中的受损程度相对较小（*Godfrey et al.*，2009）。*Muller & Kraussl*（2011）将声誉界定为基于 CSR 内涵，对企业可预测的、可信赖的表现行为所形成的感知印象。当某一责任事故被曝光后，企业的相关利益群体会采取相应的惩罚性措施，可能是温和的抵制产品，也可能是严格的吊销经营权或追究刑事责任（*Godfrey et al.*，2009），责任事故企业自身的负面影响及其以往的行为表现会决定惩罚程度。*Fombrum et al.*（2000）、*Godfrey*（2005）认为，责任事故查证究责过程中，CSR 能给企业带来"道德声誉资本"（*Moral Reputation Capital*），降低相关利益群体对企业进行负面归因的可能性，企业过往的善行带来的好声誉有助于相关利益群体对企业仍保留好的印象（*Uzzi*，1997），把责任事故归咎于失职而非恶意行为，从而减轻惩治程度，保护企业价值。因此，企业履行社会责任虽不能创造企业价值，但有助于缓冲责任事故对企业价值的侵害（*Godfrey et al.*，2009）。同时，责任事故企业的股价波动依赖于投资者对事故的利益相关群体（员工、消费者、供应商、监管机构等）反应的判断。若事故企业过往累积的 CSR 表现良好，不仅利益相关群体对其事故责任持有较为宽容的态度，企业也会向投资者传递道德声誉资本价值较高的信号，从而使投资者得到企业的市场价值不会遭受重创的判断结果。若事故企业的 CSR 表现不佳，则失去了 CSR 的这道缓冲的屏障，企业价值受到严重影响，股价巨幅振荡。由此可见，CSR 累积的企业声誉具有信号功能，改变投资者的决策预期。

有关 *CSR* 与企业声誉的进一步研究发现，企业声誉的负责任行为（*Responsible Behavior*，以下简称 *RB*）和不负责任行为（*Irresponsible Behavior*，以下简称 *IB*）对企业价值的影响程度存在差异（*Frooman*，1997；*McGuire et al.*，2003；*Clark*，2008），即 *IB* 对企业价值的损害程度要远大于 *RB* 对企业价值的提升程度。同一企业不可能只做好事而不做坏事，往往两者都会发生（*Fombrum et al.*，2000；*Mishina et al.*，2010），如 *Walmart* 因在飓风过后的慷慨捐赠行为而成为慈善模范，但也因其长期恶劣的劳资关系、销售的问题产品事件而受到指控、处罚等。*McGuire et al.*（2003）、*Pfarrer et al.*（2010）认为人们对事物的评价普遍存在负面偏见（*Negativity Bias*），即相对于企业的利好的积极信息，相关利益群体对利空的消极信息更为敏感，反应程度也更为剧烈，利空信息也被认为更重要，更影响企业未来前景。因此，企业履行社会责任的声誉更容易受到企业不良行为的严重影响，而善行的影响程度较平缓。*Dowell et al.*（2000）、*McGuire et al.*（2003）的研究证实，市场不会对企业的善行或 *RB* 进行奖励，但是会对其 *IB* 进行惩罚，*CSR* 的价值体现在使危机中的 *IB* 企业比 *RB* 企业遭受更为严重的损失。因此，有的企业在重大灾难后支付高额的慈善捐赠以增加企业声誉，提升企业在社会的认同度，使企业看起来"负责任"，获取道德声誉资本，以期在以后可能发生的责任事故中降低企业的损失（*Muller & Kraussl*，2011）。

2.8　企业社会责任与组织公民行为的研究

Organ（1988）研究组织公民行为（*Organizational Citizenship Behaviors*）时，将其区分为五个维度，即利他行为、尽职行为、运动员精神、谦恭有礼和公民道德，认为组织公民行为是一种自愿性质的个人行为，虽然组织内部的正规奖励机制没有认可该个人行为，但在

整合这些个人行为后可以有效地促进企业整体运作效率，增强组织对环境变化的应变能力和适应能力，创造组织的社会资本，从而提高员工的工作效率和组织绩效。随后，*Williams & Anderson*（1991）从组织公民行为的行为指向将组织公民行为区分为利于组织的公民行为（*OCBO*）、利于他人的公民行为（*OCBI*）。*Podsakoff et al.*（2000）将组织公民行为概括为七维度模型，即助人行为、运动员精神、组织忠诚、组织遵从、个人主动性、公民道德、自我发展。

员工对组织支持的感知依赖于组织对待他们的方式，主要体现在公平待遇、程序公正、参与决策、良好工作环境、职业培训和晋升机会、关怀和关心等维度（*Shore & Wayne*，1993；*Rhoades & Eisenberger*，2002；*Allen & Seaman*，2003；荣海，2004）。何显富，陈宇，张微微（2011）在社会交换理论的基础上，分析我国某大型制造企业 239 名员工的调查问卷时发现，员工感知的组织支持作为有效的中介手段，可显著地影响企业履行对员工的社会责任与员工组织公民行为之间的正向相关关系，即履行对员工的社会责任是企业社会责任管理的重点，但企业必须同时实施具有社会责任的人力资源管理政策，重视员工的利益需求和发展需要。

陆玉梅，陆海曙，刘素霞（2014）构建的动态博弈模型指出，影响民营企业承担员工社会责任水平的内生因素是企业因承担员工社会责任而产生的效用相对于投入—产出率的敏感程度，同时董事会和 *HR* 部门的相对敏感程度以及对员工投入—产出的期望存在差异，需要权衡并优化企业承担员工社会责任的投入决策。

基于员工视角，晁罡，程鹏，张水英（2012）分别将企业社会责任、组织认同区分为 3 个不同的维度，构建 *CSR*、组织认同和工作投入之间的研究模型，发现企业履行员工、消费者的社会责任对工作投入均呈显著的直接正向影响；履行环境责任对工作投入的直接影响并不显著，但情感性组织认同的中介作用可令两者产生显著正向影响。

Hansen et al.（2011）、Newman et al（2015）分别对美国某大型医疗机构和我国江浙地区三家私营企业的员工进行调查研究时发现，运用组织信任的中介作用，员工感知的 CSR 能够有效地降低员工离职倾向，员工感知的企业对环境、社会等利益相关群体的责任行为，对员工的组织公民行为产生积极影响，而员工感知的企业对员工、政府和消费者的社会责任行为对员工组织公民行为没有影响。李祥进，杨东宁，徐敏亚等（2012）调查研究广东省制造业的 1 185 名员工时发现，结构方程模型的分析结果表明，员工感知的 CSR 努力程度可有效地降低员工离职意愿并明显提高其工作绩效。Glavas ＆ Kelley（2014）着重调查了北美 18 家食品和农业企业的 827 名员工，研究结果表明，组织支持感在研究中起到有效的中介作用，员工感知的 CSR 积极影响员工组织承诺和工作满意度。

Shen ＆ Benson（2014）、Hofman ＆ Newman（2014）结合跨层次法对我国 40 家制造企业（包含 5 家出口型制造企业）的研究发现，社会责任人力资源管理（Social Responsible Human Resource Management，即企业对员工的社会责任行为）依据组织认同理论，对员工的业务绩效和角色外帮助行为发挥积极作用。员工感知的企业对内部利益相关群体的责任行为积极影响员工的组织承诺，而对外部利益相关群体的责任行为则对员工组织承诺没有影响或仅产生微弱的影响，究其原因，主要是我国员工对降低的工作安全的制度因素、提升的组间集体主义的文化因素、较弱的外部社会责任都没有积极的反应，致使我国员工偏好利己的 CSR 实践，而不是利他的 CSR 实践。

Kim et al.（2010）、Rupp et al.（2013）分别研究韩国的公司员工、北美某大学的 261 名 MBA 学生调查问卷时发现，员工感知的 CSR 能够对员工的组织公民行为产生积极影响，员工的公平感是两者之间的重要中介变量。与此同时，员工感知的公平性削弱 CSR 感知对其组织公民行为的影响，而员工的道德特质则会放大这一影响，但是员工参与 CSR 实践以及对 CSR 的感知显著地增强员工的外部荣誉感，积极影响员工组织认同，最终影响员工组织承诺。

刘远，周祖城（2015）运用多层线性模型分析我国 32 家中小企业的 592 名员工调查问卷的跨层数据，发现情感承诺中介作用下的员工感知 CSR 与组织公民行为之间存在显著的正向相关关系，而承诺型人力资源管理实践既对情感承诺具有明显的正向影响，也对 CSR 与情感承诺的关系起到负的间接跨层调节作用。张倩，何姝霖，时小贺（2015）通过分析 23 家企业的员工调查问卷发现，员工组织自豪在 CSR 与员工组织认同的关系中起到中介作用，员工对企业履行 CSR 的归因可调节 CSR 和员工组织自豪之间的关系，表明企业履行 CSR 有效地提高员工组织自豪，而 CSR 与员工组织自豪之间的关系则依赖于员工对企业履行 CSR 的归因。

颜爱民，李歌（2016）运用多层线性模型分析 1 308 名员工的调查问卷时发现，CSR 对员工角色内行为、组织公民行为均产生显著的积极影响；外部荣誉感是 CSR 与员工角色内行为的关系中的部分中介，是 CSR 与组织公民行为关系中的完全中介；而组织支持感是 CSR 与角色内行为和组织公民行为的内部关系中的完全中介。李歌，颜爱民，徐婷（2016）问卷调查 980 名中小企业员工时发现，依据社会认同理论，受到员工组织支持感影响的外部荣誉感是有效的中介变量，促使员工感知的 CSR 对离职倾向具有显著的负向影响。颜爱民，单良，徐婷（2017）探查员工感知的 CSR 对建言行为的影响机制时发现，两者在组织信任的中介作用下存在显著的正向相关关系，组织道德氛围有效地调节组织信任与建言行为的关系，高关爱型、高规则型的道德氛围均强化组织信任对建言行为的积极效应，而高工具型道德氛围则令组织信任对建言行为的积极影响趋于弱化。

2.9　企业社会责任的其他研究成果

2.9.1　自愿披露 CSR 的动机

朱敏等（2014）运用盈余质量验证 *CSR* 的动机时发现，两者之间负相关，且这种关系在股权分散型的非国有企业中更为显著。田虹，姜雨峰（2014）的研究发现利益相关者施加的压力、制度压力和伦理领导是影响披露 *CSR* 的动因。张正勇，陈良（2013）分析上市公司自愿披露 *CSR* 的动机时发现，媒体关注度、行业敏感度均与 *CSR* 的自愿披露存在显著的正相关性，而广告、再融资需求、市场竞争等动机则在非国有控股的上市公司中表现更为突出，但都不影响 *CSR* 的披露水平。

2.9.2　CSR 鉴证视角

CSR 鉴证是企业与利益相关者之间信任关系的非正式鉴定，沈洪涛，秦信任（2010）认为 *CSR* 的自愿披露推动了 *CSR* 鉴证业务的发展，且沈洪涛等（2012）运用声誉理论分析 *CSR* 鉴证的效果，研究结论证实企业社会表现可显著提升企业声誉，并通过 *CSR* 得以有效地传递，*CSR* 鉴证未提升社会责任表现与声誉之间的相关性。李正，李增泉（2012）分析 *CSR* 鉴证意见的信息含量时发现，资本市场对 *CSR* 鉴证意见产生积极反应，但对董事会承诺的反应不具有统计学意义。李正等（2013）的研究发现，被媒体曝光不利信息的企业不倾向于 *CSR* 鉴证，法律制度、信任度较高地区的企业应进行 *CSR* 鉴证。

2.10　企业社会责任研究成果评价及趋势分析

2.10.1　企业社会责任研究成果评价

梳理以上文献发现，较早受到关注的是 *CSR* 与社会发展方向一致性的问题，公司的投资决策、经营活动、管理制度应关注影响绩效的构成部分，高科技企业的发展应与社会优先原则相一致，企业对投资者自愿披露的 *CSR* 可提高其股票回报率、环境绩效（*Ramanathan*，1976；*Ingram*，1978；*Ingram & Frazier*，1980；*Gray & Radebaugh*，1984）。随后，研究视角逐渐转换为 *CSR* 与企业的持续性发展、盈余管理、公司治理、公司绩效等领域，均得到不同的研究结论。

总的来说，多数研究赞同 *CSR* 对企业产生的积极效应，可以推动企业长期稳定的发展。但是，在一片赞扬声中，仍有学者对 *CSR* 持有谨慎的态度。*Dobers & Springett*（2010）认为 *CSR* 体现的商业化的盈利与周边的环境日益明显的不和谐，*CSR* 逐渐面临着在公司战略中过度简化和边缘化的风险，被华丽的措辞限定在狭隘的商业利益中，从而为外部利益相关者提供服务（*Banerjee*，2008）。根据 *Deegan & Shelly*（2014）对澳大利亚 *CSR* 的调查研究发现，工商界一致反对 *CSR* 的制度化，认为企业应在社会责任及其相关职责上拥有决策的灵活性，而开明自利（*Enlightened Self-interest*）则应作为实施 *CSR* 的指导机制，这与社会和环境组织、个人支持 *CSR* 立法的愿望完全相反。

企业的发展既无法脱离宏观政策的约束，也不能忽视所在区域的社会福利，*CSR* 的出现和广泛应用逐渐成为连接提升公司绩效（微观）、改善社会福利（宏观）、促进区域经济发展之间的桥梁。2008年，英国的调查结果显示，有效的企业社会责任政策有利于公司绩效的持续性，改善公司的财务状况，提升社会福利水平。自从我国在2006年开始鼓励企业披露CSR，得到上市公司的积极响应，社会责任报告数量大幅攀升。2008年，上交所对有关公司治理的调查研究表明，提供社会责任报告可提升企业的市场价值。但是，根据中国科学院发布的《中国企业社会责任研究报告（2014）》显示，我国的CSR发展仍处于较低水平，需要进一步完善披露内容、强化社会责任感，仍有许多社会福利涉及的领域没有在CSRR中披露。

本书认为，企业履行社会责任是提升社会福利、促进区域经济发展的有效举措，但应掌握合理的限度，即适当履行社会责任的确有助于企业提升社会声誉、经营业绩、市场表现、企业价值等关键指标，已在肯定CSR积极影响的文献中得以论证。但是，企业是营利性组织，若要持续经营，必须盈利。CSR是在企业与利益相关者之间达成的隐性契约，履行契约需支付成本，若企业过度履行社会责任，势必增加企业运行成本，当履行成本超过获取的收益时，则会影响企业的正常生产经营，进而对企业的持续性经营产生负面影响。

2.10.2 CSR研究趋势简要分析

近几年，已有学者开始尝试构建CSR与税务筹划、客户忠诚度、品牌价值等因素的分析框架，进一步扩展CSR的研究边界。

Lanis & Richardson（2012）验证澳大利亚的CSR与税收激进度之间具有负相关性。

Creel（2012）认为CSR从满足员工需求、取悦消费者、降低能耗等方面提升了企业声誉，而案例分析的结论指明品牌价值也具备同样功能。

基于利益相关理论，*Homburg et al.*（2013）构建供应商的CSR对采购商产出的影响分析框架，研究200家跨行业的供需双方，显示供应商的CSR与客户的忠诚度之间正相关，供应商的CSR可增强消费者的信任度，"乐善好施"的 CSR 又进一步强化企业认同度（*Customer-Company Identification*）。

Caplan et al.（2013）从价值链的角度分析价值链上、下游对 CSR 需求的差异性，以及 CSR 在不同行业、不同国家之间的差异性。*Schmelta*（2014）分别运用经验数据、概念模型分析不同框架下的公司价值、CSR 价值及其 CSR 的实施结果，发现不同的价值体系是主要影响因素。

敬采云（2014）基于环境资本理论，提出环境资本是企业获得超级收益来源的观点，环境资本的路径依赖决定企业具有的三重身份及其相互生存发展的责任。

综上所述，起源于 20 世纪初的社会责任理论主张企业对员工、客户、团体等利益相关者应履行相应的责任，不能仅仅追求盈利至上，履行受托责任，而忽视其创造价值所依赖的外部环境（宏观政策、区域经济），进而从微观层面上缓解企业外部性造成的不利影响。

尽管现有研究为 CSR 的推广和完善提供研究基础和借鉴，但仍有需要完善和解决的领域，也是本书重点论证的内容。

1）税收贡献研究。虽然 CSRR 公布缴纳的税金，但仍缺乏 CSRR 的税收贡献对社会福利的影响研究，需要构建实证模型分析税制结构约束下 CSRR 的企业税负与社会福利之间的相关性。

2）创新能力研究。为提升自主创新能力，国家在宏观政策（如税收政策）方面提供扶持，但都仅停留在企业内部影响的分析上。若基于 CSRR 的创新信息分析其经济外部性，探讨宏观政策对微观的影响并传递至社会层面具有一定的意义。

3）企业声誉研究。随着企业规模的不断壮大，声誉成为企业在市场竞争、可持续发展、风险控制等方面的重点关注环节，甚至已有权威媒体（《财富》《经济观察报》等财经媒体）专注于国内外企业声誉的评选工作。近年来，已有少量文献从企业声誉的视角分析 CSR 及其对绩效的影响，从而提升企业对声誉的重视和维护。基于 *EMH* 理论，有关上市公司的任何信息变化，均可引起市场价值波动，则企业获得相关声誉是否会引起市场反应，企业声誉是否受到 *CSR*、财务绩效的影响，仍属于未涉及的研究领域。

4）员工忠诚度研究。员工是企业日常运营的参与者，关键岗位员工对企业的忠诚度可在一定程度上影响企业发展的稳定性。员工福利制度、晋升空间和教育培训机会等人力资源结构既是员工忠诚度的偏好因子，也是 *CSR* 的重要构成要素，充分体现企业对员工履行社会责任的情况。若结合企业薪酬计划和员工信息，分析员工忠诚度与 *CSR* 之间的双向忠诚耦合机制，对维护企业与员工良好关系具有一定的现实意义。

3 企业社会责任研究的理论基础

3.1 交易成本理论

Coase （1937） 在《企业的性质》中首次提出"交易成本"（*Transaction Costs*）的重要概念，是利用价格机制或利用市场交换手段进行交易所支付的费用。*Williamson* （1985） 在《资本主义经济制度》（*The Economics Institute Capitalism*）中定义交易成本是在契约视角下运用经济体制的成本。

交易成本理论由资产专用性（*Asset Specificity*）、有限理性（*Bounded Rationality*）、机会主义（*Opportunism*）三个核心概念作为理论基石，以交易作为理论研究的逻辑起点，把企业视作长期的、固定的契约关系，依靠行政指令就可完成内部交易；而市场则是短期的、波动的契约关系，必须通过合法的契约来完成各种交易。针对不同的交易或契约形式，都应具有相应的治理结构，即制度安排（*Institutional Arrangement*），以保护或补偿契约中的投资关系。交易成本最小化是制度安排的最优选择，需最大限度地控制事前、事后的交易成本（杨瑞龙，杨其静，2005）。

市场和企业是两种不同组织的劳动分工方式，企业的产生是因为市场交易成本高于企业内部的行政指令协调成本，而企业的存在是替代市场的价格机制，完成资源在企业内部的配置，从而节约市场交易成本，提高经济效益。当市场交易的边际成本与企业内部行政指令协调的边际成本不存在差异时，企业暂时达到规模扩张的边界。企业是长期的、固定的契约关系，依靠行政指令就可完成内部交易；而市场则是短期的、波动的契约关系，必须通过合法的契约约束来完成各种交易（*Coase*，1937；孙晓妍，2012）。

因此，股东、债权人、管理层、员工、客户、供应商、政府等各方利益群体的多边契约关系共同组建成企业，目的是寻求交易成本更低、收益更高的经营运行机制。与企业相关的利益各方为实现这一目标，向企业投入各自的专用性资产（资金、专业知识、劳动技能、专用设备、管理才能等），在产权清晰的前提下，资源配置的结果是企业运行业绩，用以补偿利益各方支付的代价。

但是，从古典经济学的角度来看，企业是追求利润最大化并遵从某种约束的生产函数的"黑匣子"，市场关系则是不存在交易费用等摩擦下的供求曲线。企业通常为寻求更高的收益而罔顾相关群体的利益，产生外部不经济（*Negative Externality*），即企业的边际成本小于社会的边际成本，无法实现帕累托改进（*Pareto Improvement*）。

在完美市场的假设条件下，所有信息都是公开的，产权界线清晰，交易成本忽略不计，受到企业外部不经济影响的相关群体可以与企业谈判达成完美契约，实现帕累托优化。

但是，市场存在信息不对称、产权界定模糊、交易成本居高时，企业外部性不经济的影响导致市场失灵（*Market Failure*），即市场机制无法让企业与相关利益群体达成解决协议。解决方案是政府运用税收或补贴来缩小两个边际成本之间的差值，实现企业外部负效应内在化，实质上是外部效应的边际成本被定价了。①

但是，造成外部不经济的因素非常复杂，两个边际成本之间的差值并不是恒定的，而且社会福利也难以量化，庇古税很难时刻准确地促使二者相等，从而出现政府失灵（*Government Failure*）。对此，运用科斯定理（*Coase Theorem*）可解释为：在产权明晰、交易成本很小的前提下，外部不经济总能在相关利益群体与企业之间的"讨价还价"中得以解决。

综上分析，面对外部不经济的市场失灵、庇古税的政府失灵，*CSR* 即是科斯定理下企业与相关利益群体在"讨价还价"中达到的妥协，是产权明晰、交易成本可计量的前提下，制度安排的必然选择。企业履行社会责任的意愿依赖于相关利益群体与企业之间建立的伦理、道德、声誉、互助机制是否完善，能否提升企业的社会声誉，改善企业的社会认同度，维护企业的社会地位，增加信息透明度，缓解信息不对称，引导企业权衡外部不经济的社会边际成本和履行社会责任的边际收益，从而优化资源配置，实现帕累托改进。

3.2　社会契约理论

社会契约思想由来已久，大致可追溯到苏格拉底时期，与西方的契约文化传统、社会变革和契约经济的发展等因素有着密切的联系。霍布斯（*Hobbes*）是近代社会契约理论的主要创始人和系统阐述者，在《利维坦》（*Leviathan*，1651）中按普通契约理论的原则证明国家是社会契约的产物。*CSR* 体系的构建正是依托社会契约为理论基础，

---

① 针对外部不经济导致的市场失灵，庇古（*Pigou*）提出实行国家干预，利用课税方式来弥补不同产业边际企业成本与边际社会成本的差值。当二者恰好相等时，用来弥补差值的课税额（庇古税）即为外部效应的价值。产业规制是弥补市场失灵、处理外部效应问题的基本途径。

对企业经营活动和管理行为产生日益重大的影响。

3.2.1　社会契约的含义

契约一般是指由相关各方签订或认可的、用来规范行为的一系列条款。但是，将契约引入社会规范并据此提出社会契约概念后，则会产生截然不同的理解。

"契约论是宏观契约论和微观契约论的综合，统称综合社会契约理论，被人们看作是从道德角度评价决策的基础。"[①] 而"社会契约最初作为一种社会规范是自然而然地产生的。"[②] 当代社会契约理论的重要代表人物唐纳森，邓菲（1991）在论证社会契约理论时，认为"社会需运用一种全新的方法来探讨企业伦理学，来揭示隐蔽、却极其重要的协议或'契约'，从而可以连接的不同行业、公司和经济制度，共同构成一个道德的整体，……不可思议的是，这种方法也是要压倒一切个别契约的更深层次、更具普遍意义的'契约'方法"。[③] *Mill*（1859）在《论自由》中曾指出：虽然社会并非建立在一种契约之上，即使强制性地创造一种契约并从中规范社会义务也不会达到令人满意的目的，但每个人既然接受社会的保护，也就应该报答社会；每个人既然都生活在社会中，也就必须遵守某种行为准绳，这是必不可少的。行为准绳的界定，"首先，彼此互不损害利益，彼此互不损害或在法律明文中或在默喻中应当认作权利的、某些相当确定的利益；第二，每人都要在保卫社会或其成员免于遭受损害和妨碍而付出的劳动和牺牲中，担负他自己的职责（要在一种

---

① 王学义：《企业伦理学》，成都，西南财经大学出版社，2004。

② 孙国锋：《社会信用的制度分析》，社会科学研究，2002 年第 5 期。

③ 托马斯·唐纳森、托马斯·邓菲：《有约束力的关系：对企业伦理学的一种社会契约论的研究》，赵月瑟，译，上海，上海社会科学院出版社，2001。

公正原则下规定出来）。"[1] 乔治·斯蒂纳，约翰·斯蒂纳（1997）直接认为社会契约即是企业的社会契约，若企业的经济活动不被社会接受，则会受到干预或改组。企业和社会之间会存在社会合约（Social Contract），反映企业与社会之间的各种关系，其中一部分会以立法和法律的形式规定下来，基本反映支配企业行为的习惯和价值观。但是，对于企业管理者来说，社会合约通常涵盖的内容比较复杂，各自界限又模糊不清，不像经济契约易于理解。[2] Dunfee（1991）阐述社会契约论时认为，多数人似乎本能地以非正式契约形式作为社会确立规范的观念。在会计、税收等商业文件中，经常会引用到当前具体的社会契约，而且某一民族国家也可比作"社会契约"。[3] Axelrod（1986）则认为社会契约是民主管理形式的强有力的理论支撑，用虚拟的协议把合法性内容蕴含在现实的法律和制度中。[4]

唐纳森，邓菲（1991）界定综合社会契约论时，把社会契约的微观、宏观形势相结合，宏观契约是理性人之间的广泛假设的协议，微观契约（或当前契约）则是行业、公司等组织内部或相互之间存在的非假设、现实的协议（约定）。

综上文献所述，学者们把企业社会契约直接等同于社会契约，但是本书认为社会契约与企业社会契约应加以区别，社会契约应是不同社会成员共同遵守的行为模式的规则和假设，没有正式的书面合纸，

---

[1]　约翰·密尔：《论自由》，程崇华，译，北京，商务印书馆，1959。

[2]　乔治·斯蒂纳、约翰·斯蒂纳：《企业、政府与社会》，张志强、王春香，译，北京，华夏出版社，2002。

[3]　Dunfee，T. W. Business Ethics and Extant Social Contracts. Business Ethics Quarterly，1991，1（1）：23 - 25.

[4]　Axelrod，R. An Evolutionary Approach to Norms. American Political Science Review，1986，80（4）：1106.

只是一种非正式的行为准则，或是契约各方共同接受的权利和义务。企业与社会的社会契约则可称为企业社会契约，是对企业及其相关利益群体进行约束的规则和假设，本书研究的 *CSR* 即属于企业社会契约。

3.2.2 企业社会契约理论的主要内容

随着经济社会结构和思想意识的改变，企业的社会契约责任发生了转变（见图 3-1），从而产生更宽泛的企业"社会利益"的概念，而不再是原来狭隘的企业"股东利益"，管理层的责任目标由原来的对股东的受托责任转变为对所有利益群体的受托责任。

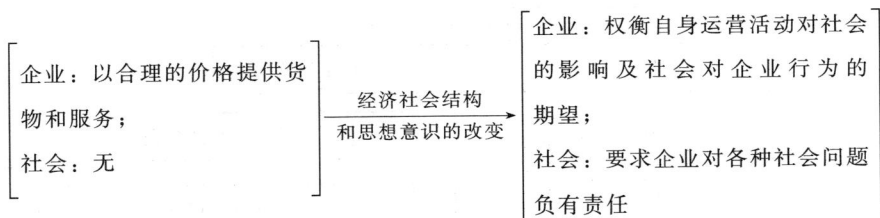

图 3-1 企业社会契约的转变

资料来源：作者整理绘制。

韦斯（2003）曾指出：公司与消费者、其他公众之间存在隐性社会契约，这是建立在互信的基础上，并且默认公司为消费者利益着想。但是，社会契约也会因社会经济的变化而转变，[①] 反映出社会对企业期望的变化。另外，企业外部的利益相关群体也随着历史变迁而发生喜好、品位、需求等方面的变化，成为企业社会契约不断转变的另一影响因素。

企业社会契约理论认为，企业和社会之间存在着某些显性或隐性

[①] 约瑟夫·W. 韦斯：《商业伦理——利益相关分析与问题管理方法》，符彩霞，译，北京，中国人民大学出版社，2005。

的社会契约，企业应在经营活动中对社会履行相应的责任和承诺。由于企业经营活动中要平衡和处理的关系是多方面的，企业与社会相关利益群体之间具体多元化的自愿接受并相互受益的社会契约，履行与这些利益集团的合同义务就是企业的责任。唐纳森，邓菲（1991）对社会契约界定较为笼统，经济人之间在什么情况下共同构造相互认可的道德观，无法深入探讨企业契约的构成因素在企业持续经营中的具体影响。李伟（2003）、陈英（2009）将企业社会契约区分为企业内部社会、企业外部社会契约，再按内部、外部分别涉及的相关利益群体，再将企业社会契约具体化、对象化（见图3-2）。

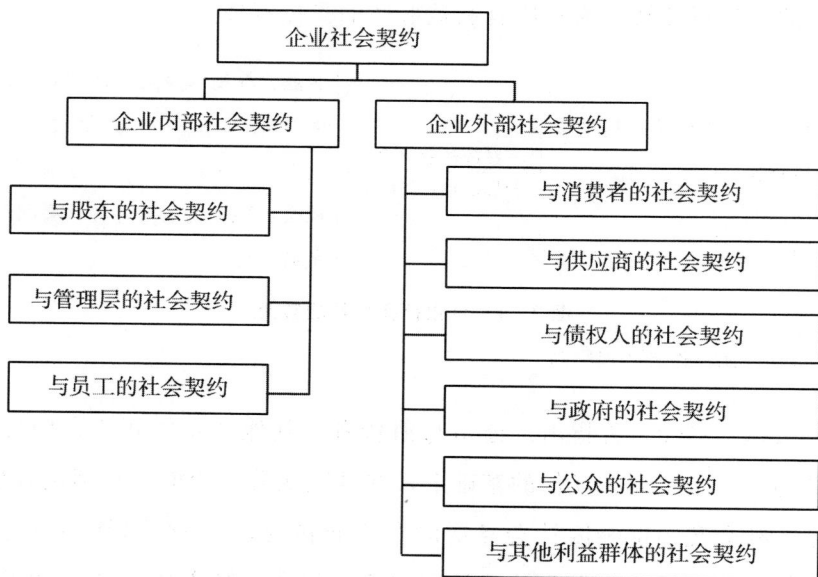

图3-2　企业社会契约构成

资料来源：作者依据文献资料汇总整理绘制。

3.2.2.1　企业内部社会契约

主要涉及企业内部的管理层及员工等内部相关群体的责任和承诺，包括股东、管理者、员工等企业内部的利益相关群体的人身安全保证、劳动权益、自由和尊严、收入权益、剩余收益追索权的保障等。企业内部社会契约要求企业正确解决对内部利益相关群体的各种不公正的企业行为，做到一切机会、待遇、晋升机会等真正面向内部所有员工开放，所有内部相关利益群体无论职位高低、持股权多寡，都在人格上一律平等，并在公平、公正的基础上解决收益分配、劳动权益等问题。

3.2.2.2　企业外部社会契约

主要涉及企业对外部消费者、债权人、供应商、销售商、监管组织、税收机构等企业利益相关群体的责任和承诺，包括产品和服务质量及维护、产品或会计等信息准确披露、诚信经营、商业信用保障、守法纳税、遵纪守法等。

因此，企业社会契约是 CSR 的理论基础，暗含着企业必须符合公众的期望，Palmer（2001）、Werhame & Freeman（2001）赞同社会契约论支持了 CSR 研究的框架结构，是企业承担社会责任的理论依据,①② 促进 CSR 企业实践和理论研究的发展。

3.3　利益相关者理论

利益相关者理论认为，在组织目标实现过程中，任何影响或受到影响的个人或群体，都可以认定为利益相关者。公司的持续经营离不开各利益相关者的投入或参与，企业追求的应该是利益相关者的整体利益最大化，而不应仅是股东财富（或利润）最大化。（Freeman，1984；Clarkson，1995）。CSR 应是利益相关者的管理，利益相关者为

---

① Palmer，E. Multinational Corporations and the Social Contract. Journal of Business Ethics，2001，31（3）：245 – 258.

② 帕特里夏·沃海恩、R. 爱德华·弗里曼：《布莱克韦尔商业伦理学百科辞典》，刘宝成，译，北京，对外经济贸易大学出版社，2002。

公司注入专用性投资的同时承担相应的公司经营风险，为公司的经营活动付出了代价，能够正确处理与相关利益群体关系的公司会更容易成功。利益相关者理论认为，除了公司股权、债权与经营管理之间受托责任相关的管理层、股东、债权人以外，利益相关者还包括消费者、顾客、供应商、员工、政府、社区和社会公众等。利益相关者理论拓展了传统的利润或股东财富最大化的理念，认为股东利益最大化使公司始终处于短期目标压力之中，无暇顾及公司的长远发展，企业应从与社会、自然的和谐发展的角度实现利益相关者财富最大化的目标，不仅要承担经济上的受托责任，还要承担法律、道德伦理和慈善等社会上的受托责任（Carroll，1979；Mitchell et al.，1997），企业的可持续性发展需要所有利益相关者参与和赞同，公司治理应该综合权衡各相关者的利益，公司管理层需要与利益相关者之间进行沟通对话，为 CSR 提供理论指导和支持（Swanson，1995）。

从长期来看，工具性利益相关者理论（Instrumental Stakeholder Theory）提出，企业的社会责任行为能够增强利益相关者对企业的信任度，改善与关键利益相关者的关系，进而提升企业财务绩效（Jones，1995）。从员工角度看，良好的 CSR 声誉，可促进员工对企业的忠诚度，有利于企业吸引、激励优秀员工，提高其生产率和利润率，为企业带来收益；从政府角度看，CSR 的良好表现可减少政府的负面管制（Turban & Greening，1997；Barnett，2007）；从消费者角度看，注重 CSR 可吸引社会关注度高的消费群体，开发差异化产品和个性化服务，提高消费者的支付意愿（Bhattacharya & Sen，2004）；从潜在投资者角度看，积极履行社会责任可吸引注重长期投资获利的投资者，获得资本性资金（Graves et al.，2000；Barnett & Salomon，2006），也较易于获取所在经济区域的税收优惠政策。利益相关者对企业绩效的影响见图 3-3。

公司管理层与利益相关者通过隐性或显性的协商，达成双方互利的契约，有效地监督以避免管理层追求股东财富最大化之外的其他目标（Hill & Jones，1992；Jones，1995）。同时，通过满足和权衡多方利益相关者的要求（Freeman & Evan，1990），管理层可以提升公司响应外部需求的效率，保证产品升级换代和售后服务，实现公司全方位适应市场需求，全面提升盈余质量（Orlitzky et al.，2003）。

图 3 - 3　利益相关者对企业影响力及对 CSR 关注程度

资料来源：作者依据文献资料汇总整理绘制。

　　企业对外披露其履行社会责任的信息、与利益相关者保持及时沟通，是企业与利益相关者进行对话的基本方式，公司管理层应认真听取利益相关者所关心的议题，考虑企业活动给利益相关者可能带来的各种风险（Dierkes & Antal，1985；Preston et al.，1999）。基于利益相关者视角，企业强制性对外披露财务报告、重大交易事件公告、内部控制自我评价报告及自愿披露的企业社会责任报告等，都是企业与利益相关者相互沟通的主要形式（Gray et al.，1995）。同时，企业还可以针对利益相关者采取不同的沟通方式，对股东和政府进行有针对性的沟通，对供应商和消费者应保持其满意度、忠诚度，对员工应使其熟知公司的各种工资待遇、职位晋升、职业教育、发展规划等信息，对社区（企业所在经济区域）则尽量满足其合理的需求（见图 3 - 4）。

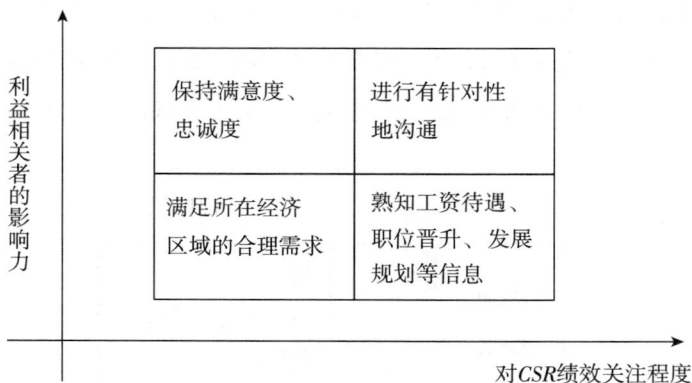

图 3 - 4　企业与利益相关者的沟通方式

资料来源：作者依据文献资料汇总整理绘制。

　　虽然利益相关者理论要求企业对利益相关各方平等沟通、一视同仁，但对于企业的经营者来说，这一点是很难做到的。公司自愿性对外披露社会责任信息是对公司外部环境压力做出的反应，除对外投资的收益压力外，还有来自集团、公众、政府等方面的压力（Tilt，1993；Neu et al.，1998），也有来自企业自身特定的社会压力（Patten，1992）。

　　综上，利益相关者理论为 CSR 提供了理论框架，主要表现在以下三个方面：①为企业承担社会责任的动因提供较为缜密的理论解释（Free-man，1984），而公司对其利益相关者承担的责任总和即为公司应承担的社会责任；②为科学评价 CSR 提供相对可操作的方法，如评价美国上市公司社会责任表现的 KLD 指数，从公司与利益相关者关系的视角衡量 CSR，包括社区关系、员工关系、消费者关系等方面；③为 CSR 信息披露提供基本理论框架，成为公司对利益相关者承担相应责任的表现，反映公司活动对社会的影响（Ullmann，1985）。

3.4 外部性理论

3.4.1 外部性的一般界定

Smith（1776）论述的市场经济"利他性"观点，是学界对外部性的最早认识。随后，Mill（1848）、Sidgwick（1887）也分别论述了外部性的思想。Marshall（1890）明确提出外部性概念，认为"任何一种货物生产规模的扩大所产生的经济可以划分为两类：第一类依赖于某种工业一般性发展的经济，称为外部经济；第二类则是依赖于从事该工业的个别企业的资源、组织和经营效率的经济，称为内部经济。"① Marshall（1890）只提及外部经济"往往能因许多相似的小型企业集中在特写的地方（即通常所说的工业区分布）而获得"，从理论上抽象地概括经济规模扩大的原因，但并未述及"外部不经济"。

Pigou（1912，1920）基于福利经济学视角，依据外部性的成因和社会资源最优配置理论，运用边际分析法，较为系统地研究了外部性问题。Pigou 在阐释外部性时，以边际私人净产值与边际社会净产值、边际私人成本与边际社会成本这两组相背离的矛盾作为分析的切入点，并提出"外部不经济"和"内部不经济"的概念，认为某个企业带给其他企业或社会的损失，即是外部不经济。

从产权的本质来说，Ellis & Fellner（1943）认为产生外部不经济的根源是稀缺资源的产权界限不明晰，若可界定为私人所有，则可克服外部不经济。但是，竞争厂商通常忽视经济活动产生的外部不经济，并且造成这些后果的原因并非原始性生产，而是技术或制度环境，即

---

① 马歇尔：《经济学原理（第 1 版）》，北京，中国社会科学出版社，2007。

某些稀缺物品被免费使用或与产权相分离。[①]

Meade（1952）界定的外部经济（外部不经济）是一种没有被觉察的事件（或后果），即在决策时，参与人没有觉察出可能直接或间接地发生额外获利或蒙受损失的事件。[②] 随后，Meade 对外部性的界定被不断地修正。Buchanan & Stubblebine（1962）运用个人效用函数表述外部性[③]，Bator（1958）则将外部性经济拓展至更为宽泛的约束中，认为在运用价格划分成本与收入时，非帕累托状态的成本与收益关系即可表述为外部性经济。[④]

Coase（1937，1960）运用交易成本的思想解决外部性问题（本书在 3.1 中已深入论述，此处不再赘述），认为交易成本的存在，使得直接的政府管制未必会比市场和企业更有效率地解决外部性问题，但也不能否认政府管制不会提高经济效率。[⑤] Demsetz（1967）则认为外部性是模糊且难以准确定义的概念，可以根据不同的研究视角进行界定，但从全球范围来看，则不存在外部性，即特定的某个事件受损或受益的是某类人，而多个事件或决策会相互作用，造成特定的人既受损也受益。但是，特定个体无意于了解自己决策的成本，使得决策后果的损益外部化，即为外部性。[⑥] Baumol & Oates（1988）则概括外部性

① Ellis，H. S. & W. Fellner. External Economies and Diseconomies. American Economic Review，1943，33（3）：493 – 511.

② 詹姆斯·E. 米德：《效率、公平与产权（第 1 版）》，施仁，译，北京，北京经济学院出版社，1992。

③ Buchanan，J. M. & W. E. Stubblebine. Externality. Economic，1962，29：371.

④ Bator，F. M. The Anatomy of Market Failure. Quarterly Journal of Economics，1958，72：351.

⑤ Coase，R. H. The Problem of Social Cost. Journal of Law and Economics，1960，3：1 – 44.

⑥ 贾丽红：《外部性理论研究——中国环境规制与知识产权保护制度的分析（第 1 版）》，北京，人民出版社，2007。

为：若某个经济主体的福利（效用或利润）中某些真实变量值由他人决定，且这些人不会关注其行为对其他主体的福利可能产生的影响，即发生外部性；对于某种商品来说，若没有足够的激励机制形成相应的市场，该市场则会导致非帕累托最优的均衡，出现外部性。[1] North（1981）从"搭便车"的视角分析外部性，认为特定经济主体行为的收益溢出，使第三方不需支付对价即可享受，导致行为人收益与社会收益的差异，可扩展至整个经济活动的私人收益与社会收益的差异，体现所有权的规范、保障和完善的程度。[2]

Samuelsou & Nordhaus 在《经济学》中提出的外部性概念被广泛应用，即认为外部性是企业或个人向市场之外的其他人或组织所强加的成本或利益。[3]

3.4.2 正外部性与负外部性

依据不同的表现形式，外部性可区分为：正外部性与负外部性、技术外部性与货币外部性、生产外部性与消费外部性、代内外部性与代际外部性、市场机制外部性与政府行为外部性，本书的研究重点是运用效用函数表述的经济活动所产生的正外部性与负外部性。

Buchanan & Stubblebine（1962）运用效用的概念描述外部性函数：

$$U_0^A = U_0^A (X_1, X_2, \cdots, X_n) \tag{3.1}$$

$$U_1^A = U_1^A (X_1, X_2, \cdots, X_n, Y_1) \tag{3.2}$$

其中，U_i^A（$i = 0, 1$）为 A 的个人效用，依赖于 A 控制范围内的一

---

[1] Baumol, W. J. & W. E. Oates. The Theory of Environmental Policy. NJ: Prentice-hall, 1975.

[2] 杨永华：《发展经济学流派研究（第 1 版）》，北京，人民出版社，2007。

[3] Samuelsou, P. A. & W. D. Nordhaus：《经济学（第 1 版）》，北京，机械工业出版社，1998。

系列经济活动（X_1，X_2，…，X_n），但是另一个人 B 控制行为 Y_1，且 B 是社会成员之一，则 U_0^A 是 A 未受 B 的行为 Y_1 影响的效用，U_1^A 是 A 受到 B 的行为 Y_1 影响的效用，A 即是 B 的行为 Y_1 产生的外部性后果的接受者，正外部性与负外部性需依据成本—收益原则来确定式（3.2）中 A 受到的外部性影响。若 B 的行为 Y_1 导致 A 支出的成本上升，即 U_1^A 较 U_0^A 下降，则 B 的行为 Y_1 对 A 产生负外部性；若 B 的行为 Y_1 导致 A 支出的成本下降，即 U_1^A 较 U_0^A 上升，则 B 的行为 Y_1 对 A 产生正外部性。

若将个人 A 受到个人 B 的行为 Y_1 所产生的效用变化扩展至全社会，可运用 Pigou 的成本—收益法对外部性进行社会成本与私人成本、社会收益与私人收益的对比分析。若 B 的行为 Y_1 产生负外部性，则其边际私人成本（MPC）＜边际社会成本（MSC）（见图 3-5），在总需求 TD 不变的前提下，B 的产出增加量为（Q_2-Q_1）；若 B 的行为 Y_1 产生正外部性，则 MPC＞MSC（见图 3-6），同样在总需求 TD 不变的前提下，B 的产出减少量为（Q_2-Q_1）。因此，正外部性与负外部性都导致社会总产出偏离均衡产量 Q，社会资源未实现最优配置。

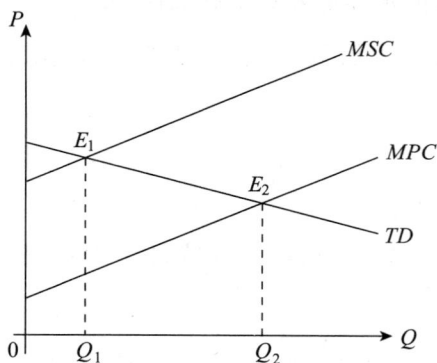

图 3-5　B 的行为产生的负外部性　　图 3-6　B 的行为产生的正外部性

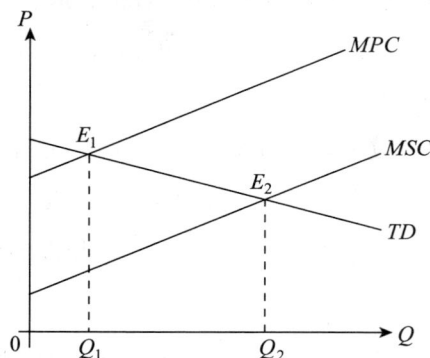

资料来源：作者依据文献资料汇总整理绘制。

同理，当 MSC＝MPC 时，若边际私人收益（MPB）＜边际社会收益（MSB），则 B 的行为 Y_1 产生正外部性；若 MPB＞MSB，则 B 的行为 Y_1 产生负外部性。

从外部性的角度来说，本书认为企业承担社会责任缓解负外部性带来的损失，提升利益相关群体的整体福利，为利益相关群体及全社会带来正外部性，即企业的私人利益与利益相关群体的社会利益相一致。企业履行社会责任，可以传递以下信号，对利益相关群体产生正外部性：

1）表明社会的责任感。企业参与社会活动时，在付出成本的同时还向社会公众表明自己是具有社会责任感的企业，体现企业在日常经营活动中时刻把公众利益和所在区域的整体利益放在企业战略发展的重要位置，减少污染、不欺诈、关心员工等，获得社会公众的认同，以实现未来更稳定的发展。

2）彰显企业的经济实力。企业履行社会责任的隐含前提是企业自身有经济实力或具有一定的产业规模，才能去支付额外且高昂的代价来保障员工福利、降低能源消耗、减少污染排放等利他可能不利己的行为。因此，企业承担社会责任的同时实质上是向社会公众、竞争对手展示经济实力，既增强自身的竞争能力，也让社会公众认同企业的发展规划，以便在融资、聚集人才、扩大市场占有率方面获得优势。

3）创造企业的广告宣传效应。通过参与公益事业，如助学、慈善捐赠等活动来承担更广泛的社会福利责任，为企业自身树立良好的社会公众形象，运用 CSR 把产品和服务与相吻合的社会因素结合起来，提升品牌宣传效果，实现企业与社会的双赢。

4）获取政府的优惠政策支持。企业承担社会责任，特别是承担减少失业、治理污染、舒减通胀压力、投资公共项目等方面的社会责任，可以减轻政府来自社会公众的问责压力，缓解政府财政压力，争取政府在政策制定、税收减免、贷款额度等方面给予支持，扶持企业平稳发展。

4　税负贡献对 CSR 的影响分析

　　税收负担是企业无法规避的费用，即使企业管理层具有较强的盈余管理或税务筹划能力，仍无法实现零税负。自国民经济进入快速发展阶段以来，我国已形成增值税、企业所得税并重的税务会计模式，增值税、企业所得税已经成为我国税收收入的两大重要支柱。从会计的角度来说，我国开征的大部分税种都被界定为企业费用（或成本），即相关税费计入利润表，[①] 只有增值税的会计处理完全遵从税法，其整个循环仍保留在资产负债表中。但是，孙晓妍，盖地（2015）的分析证实增值税也具有费用特性。尤其是我国自 2016 年起全面实施"营改增"以来，营业税全部改征为增值税，但是营业税的费用特性不能因改征而改变，[②] 而且增值税不纳入利润表的处理方法，既降低了财务报表的可靠性、可比性，也从技术层面上虚增了会计利润，误导投资者的决策，最终影响会计目标，即扭曲决策有用的会计信息。同时，从现金流量表来看，企业经营活动的现金流量项目涉及税费的缴纳和返还，进一步说明增值税已进入企业的日常生产经营循环中，占用企业的现金流，而企业对增值税实施的核算、管理、缴纳等涉税行为，

[①]　即使个别税种或税金计入原材料的成本中，也会随原材料加工为产成品并出售时，以"营业成本"的形式转移至利润表。

[②]　事实上，这里存在一个隐含的条件，即增值税、营业税的税制性质相同，可以相互取代，只是两者计量的技术方法有差异。

消耗企业的人力、物力、财力等经济资源，增加企业的运行成本，从而影响企业盈余，这是实务中不可规避的经营费用，不能仅从会计处理的技术层面简单地否定增值税的费用特性。从 CSR 的角度来说，对外公布企业税负情况可表明企业守法经营、照章纳税的积极态度，表明企业对社会福利的贡献，有利于向利益相关群体传递企业平稳发展的信号。因此，企业税负可影响 CSR 的评价水平，本章的重点内容是构建 CSR 与企业整体税负的分析框架，着重分析 CSR 分别与总体税负和重点税种税负的相关性。

4.1　文献综述与研究假设

Carroll（1979）认为 CSR 可以把经济责任、法律责任、道德责任和慈善责任整合到公司的决策中，综合考量利益相关群体的利益，而不是仅考虑股东的权益。税务机关为企业提供公共物品而获取相应的收益，成为企业的最大利益相关群体。目前，大量的研究成果集中于 CSR 与公司盈余、股票收益、资本成本（Waddock& Graves，1997；Stanwick&Stanwick，1998；Forster &Meinhard，2002；Bassen et al.，2006；Paul & Siegel，2006；Piercy & Lane，2009；Ghoul et al.，2011；Dhaliwal et al.，2011）等领域，只有少数文献涉及 CSR 与纳税申报行为之间的相关性（Davis et al.，2013；Watson，2011a，b），而且结论各不相同（Zeng，2015）。正如 Christensen & Murphy（2004）所言，CSR 的研究几乎覆盖公司运营的各个角落，但只有少量体现公司公民意识的公司所得税规避方面的研究成果。

Watson（2011a）、Hoi et al.（2013）对美国上市公司的研究发现，CSR 得分较低的公司存在较大的会税差异、更高的实际税率等激进型纳税模式的特征，不承担社会责任的公司有更多的无法实现的税收收益，而承担社会责任的公司在运用相似的规范和价值体系吸引消费者和投资者时降低了纳税的激进性行为（Watson，2011b）。

Lanis& Richardson（2015）选取 2003～2009 年期间的相关数据，运用 Logit 回归模型对比分析 CSR 对避税公司和不避税公司的影响，发现 CSR 得分水平越高，其避税程度越弱，而 CSR 构成中企业与社区的关系及其多样性是降低避税程度的重要组成部分。

Zeng（2015）运用加拿大上市公司数据分析 CSR、企业所得税纳税激进性（Tax Aggressiveness）和公司价值间的相关性时发现，只要差异化产品被贴上 CSR 的"标签"，"利润最大化"的公司更愿意为承担 CSR 去支付更多税金，而具有社会意识的消费者愿意购买同质但价格较高的 CSR 产品；同时，公司的 CSR 得分与纳税激进性程度呈反比例关系，与公司价值呈正比例关系。

基于 Penrose（1959）提出的冗余资源理论（Slack Resource Theory），Watson（2015）发现税前盈余可以调节 CSR 和纳税规避之间的相关关系，即公司当前或未来的税前盈余状况较低迷时，CSR 评价等级与纳税规避负相关，但随着盈余状况的好转，相关性则转弱。

Davis et al.（2013，2016）在分析缴纳企业所得税是否属于社会责任时，发现美国上市公司 CSR 与实际所得税率均值负相关，但与纳税游说成本均值正相关，即承担社会责任的上市公司纳税少但纳税游说成本偏高。

综上，税负与 CSR 的研究成果均集中于 CSR 评分对企业所得税纳税规避的影响分析，这是由研究样本所处的税制背景决定的。目前，世界上很多国家都开征增值税，相关税制规范也各不相同，但是只有我国的增值税税目覆盖面最广泛、抵扣链条最完整，并在税收收入中占据极其重要地位，是国家财政收入的重要保证，应作为税负研究的重要税种。由于缴纳增值税税金对企业现金流产生重要影响，而且增值税税负缴纳情况直接体现企业在追求利润的同时对社会的贡献，从而影响 CSR 评分，本书认为应将增值税税负纳入 CSR 的影响分析框架内，并据此提出以下研究假设，综合评判总体税负、增值税、企业所得税对 CSR 的影响。

$H1$：若其他情况不变，企业总体税负可显著影响 CSR；

$H2$：若其他情况不变，CSR 受到增值税、企业所得税的显著影响；

$H3$：若其他情况不变，"营改增"的实施造成营业税对 CSR 的影响逐渐弱化。

4.2　研究设计

4.2.1　数据来源与处理工具

由于营业税存在重复征税、企业负担重等弊端，造成增值税抵扣链条不完整，从而影响经济结构调整和产业转型，我国自 2012 年起逐步推行"营改增"的结构性减税政策，已于 2016 年起在全国全面实施。至此，营业税退出税收征管体系，对企业运营和盈余的影响逐渐消除。因此，为了更清晰地研究主要税种对 CSR 的影响情况，在推算增值税、企业所得税的基础上，应选取营业税的相关数据进行综合分析。

4.2.1.1　数据来源

在上市公司披露的财务报告中，有大量的上市公司同时公布个别报表和合并报表，必须依据企业所得税的特点进行筛选。编制合并报表的上市公司是集团公司，按会计准则的要求需旗下将符合特定条件的子公司纳入合并范围，在对内部交易进行抵销调整处理的基础上，还需对内部交易的涉税业务进行递延所得税的调整处理，从而影响相关税负推算结果的正确性。

因此，本章研究样本数据均属于个别报表公布的相关信息，涉及的数据主要来源于：

1）CSR 数据选自和讯网上市公司社会责任报告专业评测体系对外公布的 2010 年 12 月 31 日～2015 年 12 月 31 日期间研究样本的综合评级得分；

2）研究模型涉及的财务数据选自 CSMAR 数据库中 2009 年 1 月 1 日～2015 年 12 月 31 日期间的公司研究财务报表子库、财务报表附注子库、财务指标分析子库；

3）研究模型涉及的 CAPM 的上市公司股票相关数据选自 CSMAR 数据库中 2010 年 1 月 1 日～2015 年 12 月 31 日期间的股票市场衍生指标子库；

4）研究模型涉及的税负数据选自 RESSET 数据库中 2010 年 1 月 1 日～2015 年 12 月 31 日期间的利润表附注子库。

4.2.1.2　数据处理工具

对原始数据进行筛选、加工、制图并实现相关检验分析所运用的主要统计分析工具有 Excel、Stata、SPSS 和 Eviews。

4.2.2　样本选择

本书选取 2009～2015 年期间沪深两市的主板 A 股上市公司作为初选样本，并按如下程序进行了样本筛选：

1）剔除筛选期间对外披露信息不完整的样本；

2）剔除筛选期间 IPO 的样本；

3）剔除中国证监会 2012 修订的《上市公司行业分类指引》中规范的金融行业样本；

4）剔除筛选期间 ST、PT、退市等样本；

5）若该样本在年度资产负债表日没有交易，则取当年度最后一日的交易数据。

最终得到 1 562 家上市公司 2010～2015 年[①]期间的 9 372 个平衡面板数据为本书的有效研究样本，其中沪市 789 家、深市 773 家。

4.2.3 研究涉及税种的税负计量

根据我国税制的要求，企业需在规定期限内及时、足额地缴纳所涉税款，但由于对不同税种缴纳期限的规定存在差异，而且资产负债表中应付税款与税务机关审核并实际支付的税款之间可能存在差异，为了简化分析，本书在计算研究涉及税种的税负时，均假设企业当期支付的税款＝当期应缴税款。[②]

4.2.3.1 总体税负的计量

孙晓妍，盖地（2014）指出，税负是企业无法规避的费用支出，是以现金流的形式导致经济资源流出企业，从而改变企业内部资源配置的格局，充分体现费用观的各种论点。会计上把企业拥有或控制的各种资源界定为资产，而缴纳税款是企业为获取收益而对资源的耗费，本书在孙晓妍，盖地（2014）[③] 研究成果的基础上，依据税收征管的相关规定，优化了企业总体税负的界定：

---

① 根据研究模型的设计要求，需要计算 i 公司在期初（即 $t-1$ 期的期末值、期间值）的相关数据，故数据的筛选期间为 2009～2015 年，研究期间为 2010～2015 年。

② 这个假设对增值税的税负计量和后续研究非常关键，除了纳税期限、税务机关审核增值税进项税额的抵扣票据造成的差异外，还有一个主要原因是现行的增值税税负未计入利润表，无法在报表附注中直接获取，其计量只能通过各报表间的钩稽关系推算，推算结果接近资产负债表的应付税款，仍与企业实际缴纳的增值税税款存在一定的差异。虽然增值税税负的推算结果对单个样本不精确，但可在该假设条件下，运用统计分析得到研究期间的共性结论，仍具有一定的现实意义。

③ 孙晓妍，盖地（2014）界定的企业总体税负＝（当年支付的各项税负-同期收到的税费返还）÷期初资产总额。

$$TOTAX = \frac{当期支付的各项税费-同期收到的税费返还}{(期初货币资金＋期末货币资金)\div 2} \tag{4.1}$$

式（4.1）的分子仍取自上市公司现金流量表，分母综合考虑了税收征管中纳税期限差异、现金纳税的特点，将分母取自资产负债表的总资产替换为货币资金，并取期初货币资金与期末货币资金的均值，剔除了原式中与缴纳税款无关的经济资源。

4.2.3.2　企业所得税税负的计量

在我国的税制规范中，当税法、会计准则的相关规定发生冲突时，企业需按税法遵从的原则对涉税业务进行会计处理。相对于我国开征的其他税种来说，企业所得税的会计处理程序较为复杂，需结合以下两方面的路径来实现：①按企业所得税税法要求以利润总额为基础→重新计量利润表的收入、费用→得到应纳税所得额→结合企业适用的所得税税率→得到应纳所得税额；②按企业所得税准则要求的资产负债表债务法→重新表述资产负债表的所有资产、负债项目→得到资产、负债的计税基础→计算与资产负债表的账面价值产生的暂时性差异→计算期末递延所得税资产（负债）→结合①的应纳所得税额，得到所得税费用，计入利润表。

因此，本书在财务报表的基础上倒推企业所得税税负（EIT）时，按年度财务报告披露的会计信息统一给予下述的界定：

$$① EIT = \frac{所得税费用＋当期递延所得税资产-当期递延所得税负债}{(期初货币资金＋期末货币资金)\div 2}$$

$$\tag{4.2}$$

②当期递延所得税资产（负债）＝期末递延所得税资产（负债）

－期初递延所得税资产（负债）

$$\tag{4.3}$$

③若所得税费用 ≤ 0，则仍按式（4.2）、（4.3）推算 EIT。

式（4.2）、（4.3）中，除所得税费用取自利润表，其余数据均取自资产负债表。

4.2.3.3　营业税税负及其他税费的计量

本书选取的研究期间（2010～2015 年）正是我国持续推行"营改增"阶段，但仍有建筑业、房地产业、生活服务业等行业缴纳营业税，为了提升增值税税负推算结果的准确性，并分析营业税税负对 CSR 影响的趋势，本书仍将营业税税负作为分析模型的自变量。

营业税税负比较容易取得［见式（4.4）］，分子取自利润表附注的当期营业税额，分母与 $TOTAX$ 相统一。

$$BT = \frac{当期营业税}{(期初货币资金＋期末货币资金)÷2} \tag{4.4}$$

为准确估计增值税税负，还需查找计算除企业所得税、营业税之外的其他税费,[①] 但因其在企业整体税负中所占比例较小，且多为附加税费或小税种，可不作为研究模型的自变量，仅作为推算增值税税负的组成部分。

其他税费＝营业税金及附加-营业税金＋管理费用归集的税费

(4.5)

4.2.3.4　增值税税负的计量

由于税务机关未对外公开企业纳税申报表，而统计年鉴披露的是增值税合计数据，无法完全剥离出特定期间研究样本的增值税税负，也无法运用到微观企业的财务分析中，本书需依据财务报表之间的勾稽关系及相关财务会计信息，对上市公司 2010～2015 年期间的增值税税负（VAT）进行推算。

准确来说，VAT 应利用研究样本的增值税明细账簿推算：

本期缴纳的增值税＝增值税期末余额＋本期借方发生额

－ 期初余额-进项税额转出　　(4.6)

或＝本期销项税额-可抵扣进项税额

————————

① 如消费税、城建税及教育费附加、印花税等，均取自利润表及其附注。

$$+进项税额转出-出口抵减应纳税额$$

$$-减免税款+出口退税额 \tag{4.7}$$

$$本期缴纳的增值税=城建税÷城建税率-营业税-消费税 \tag{4.8}$$

$$或=教育费附加÷教育费附加税率-营业税-消费税 \tag{4.9}$$

但是，因为资产负债表附注信息披露不完整，难以按式（4.6）、（4.7）获取本期实缴增值税，而且利润表附注信息中存在多个城建税率、教育费附加税率，也无法按式（4.8）、（4.9）推算本期实缴增值税。因此，需按式（4.10）推算增值税税负：

$$VAT = \frac{当期支付的税费-其他税费}{(期初货币资金+期末货币资金)÷2} - EIT - BT \tag{4.10}$$

式（4.10）中，EIT、BT、其他税费分别依据式（4.2）、（4.4）、（4.5）计算所得，当期支付的税费取自现金流量表，分母与前述税种的计算方法保持一致。

4.2.4　企业税负对 CSR 的影响分析框架的设计

大量研究成果表明，企业运营绩效、社会责任履行情况、社会反响之间相互作用，而且各期间的相关指标也相互交叉作用，本书在上市公司披露的相关数据基础上，结合市场反应、时间因子，共同构建企业税负对 CSR 的面板数据影响分析框架。

4.2.4.1　引入市场反应变量——风险系数 β

企业经营成果、履行社会责任情况会影响到利益相关群体，其中对投资者的影响可体现在股价的波动上。同时，本期的股价波动也会影响到管理层在以后年度社会责任的履行情况。本书选用风险系数 β 刻画研究样本股价相对于整个股市的价格波动情况。

风险系数 β 起源于 CAPM 模型，是对特定资产或其组合的系统风险[①]度量，是股票收益相对于业绩评价基准收益的总体波动性，即股票之于大盘的波动性。β 越高，股价的波动性越大；$\beta > 1$，则股价的波动性超过大盘；$\beta < 1$，股价的波动性与大盘相反。

运用 Kuhn 的范式学说（Paradigm）来分析，系统性风险是宏观政策变化对所有股票的影响，而引起宏观政策变化的原因是市场中少数企业的运营情况出现在已有规则之外的"例外（Anomaly）"，宏观政策必须做出调整以适应并引导经济的持续发展。因此，企业运营产生的外部性引起宏观环境变化，继而影响风险系数 β，从而受到上市公司管理层的极大关注，并借以调整修正个股未来各期的运营规划、信息披露等决策。本书把风险系数 β 作为外部性指标的替代变量，运用 β_{t-1} 分析 t − 1 期的风险系数 β 对 t 期 CSR 的影响。

4.2.4.2　引入时间效应 $YEAR_m$

本书在研究企业税负对 CSR 的影响时，经过多次检验后，选用固定效应面板数据进行统计分析，是个体截面的固定效应分析，即个体随时间变化的个体对因变量的影响分析，剔除不随时间变化的个体对因变量的影响，模型本身并没有时间因子。但是，CSR 评价体系是随时间变化持续调整的指标，时间变量对 CSR 指标影响非常重要，若仅从个体随时间变化的固定效应完成实证分析，则会降低研究结论的普遍性，难以说明时间因子对 CSR 的影响程度。

因此，本书在模型中引入以 2010 年为基期的时间虚拟变量 $YEAR_m$，构建双向固定效应的面板模型，从个体效应、时间效应两个角度探讨 CSR 在研究期间受到的时间影响程度。

4.2.4.3　总体税负（$TOTAX$）对 CSR 的影响分析框架

在引入变量 β、$YEAR_m$ 的基础上，结合式（4.1）的 $TOTAX$，

---

① 是资产受宏观经济、市场情绪等整体性因素影响而发生的价格波动。

构建式（4.11），在控制若干因素的情况下分析 $TOTAX$ 对 CSR 双向固定效应的影响。其中，$INCODE$ 是行业代码（已剔除金融业），分析行业变动对 CSR 的影响程度；$Controls$ 是控制变量，由 $TCRR$、WCR、$FCFS$、B/M、CES、$NPGR$、$LN(ASSET)$（具体定义见表 $4-2$），基本涵盖企业各个方面，已被大量研究证实属于有效的控制变量，可降低模型的估算误差，保证研究结论具有一般性[①]。

$$CSR_{i,t} = \alpha_0 + \alpha_1 \times TOTAX_{i,t} + \alpha_2 \times INCODE_{i,t} + \alpha_3 \times Controls$$
$$+ \alpha_4 \times \beta_{i,t-1} + \alpha_5 \times YEAR_m + \mu_i + \varepsilon_{i,t} \qquad (4.11)$$

其中，$m = 2011, 2012, \cdots\cdots, 2015$[②]

4.2.4.4　各主要税种对 CSR 的影响分析框架

在引入变量 β、$YEAR_m$ 的基础上，结合式（4.2）的 EIT、式（4.4）的 BT、式（4.10）的 VAT，构建式（4.12），在控制若干因素的情况下分析 VAT、EIT、BT 分别对 CSR 双向固定效应的影响。其中，$INCODE$ 是行业代码（已剔除金融业），分析行业变动对 CSR 的影响程度；$Controls$ 是控制变量，由 $TCRR$、WCR、$FCFS$、B/M、CES、$NPGR$、$LN(ASSET)$（具体定义、计算方法见表 $4-1$），基本涵盖企业各个方面，已被大量研究证实属于有效的控制变量，可降低模型的估算误差，保证研究结论具有一般性。

$$CSR_{i,t} = \theta_0 + \theta_1 \times VAT_{i,t} + \theta_2 \times EIT_{i,t} + \theta_3 \times BT_{i,t} + \theta_4 \times INCODE_{i,t}$$
$$+ \theta_5 \times Controls + \theta_6 \times \beta_{i,t-1} + \theta_7 \times YEAR_m + \rho_i + \xi_{i,t} \qquad (4.12)$$

其中，$m = 2011, 2012, \cdots\cdots, 2015$[③]

[①] 其中，$TCRR$、WCR、$FCFS$ 是偿债能力、运营能力的控制变量，B/M、CES 是盈利能力的控制变量，$NPGR$、$LN(ASSET)$ 是发展能力的控制变量。

[②③] 考虑时间效应时，第 1 期（$YEAR_{2010}$）的时间虚拟变量被视为研究基期，是模型中的常数项被剔除，适用于式（4.11）、（4.12）。

4.2.5 定义变量

根据本书的研究目的，研究涉及各变量的具体界定、计算方法详见表 4-1。变量的选取既考虑了总体税负（$TOTAX$）、各税种税负（VAT、EIT、BT）分别对 CSR 的影响，还期望探析企业所处行业（$INCODE$）对 CSR 的影响。同时，通过文献分析可知，影响 CSR 的因素较多，本书引入若干控制变量，控制企业运营过程的异常波动，确保估计结果的稳定性，使模型更具解释力。

表 4-1　研究模型的变量描述

变量名称		变量代码	变量定义
企业社会责任		CSR	提取自和讯网上市公司社会责任报告专业评测体系，由股东责任，员工责任，供应商、客户和消费者权益责任，环境责任，社会责任五项构成，具体内容见图 2-2。
自变量	总体税负*	$TOTAX$	依据式（4.1）计算所得
	增值税税负*	VAT	依据式（4.10）计算所得
	企业所得税税负*	EIT	依据式（4.2）、（4.3）计算所得
	营业税税负*	BT	依据式（4.4）计算所得

变量名称	变量代码	变量定义
行业代码	$INCODE$	根据中国证监会 2012 年修订的《上市公司行业分类指引》，剔除金融业，共计 18 项 1. 农、林、牧、渔业 2. 采矿业 3. 制造业 4. 电力、热力、燃气及水生产和供应业 5. 建筑业 6. 批发和零售业 7. 交通运输、仓储和邮政业 8. 住宿和餐饮业 9. 信息传输、软件和信息技术服务 10. 房地产业 11. 租赁和商务服务业 12. 科学研究和技术服务 13. 水利、环境和公共设施管理业 14. 居民服务、修理和其他服务业 15. 教育 16. 卫生和社会工作 17. 文化、体育和娱乐业 18. 综合
控制变量（Controls） 全部现金回收率	$TCRR$	当期经营活动净现金流 ÷ 期末总资产
营运资金比率	WCR	$\dfrac{\text{期末流动资产-期末流动负债}}{\text{期末流动资产}}$
每股企业自由现金流	$FCFS$	$\dfrac{\text{当期现金及现金等价物净增加额-当期筹资活动净现金流}}{\text{期末实收资本}}$
账值/市值比	B/M	期末股东权益 ÷ 期末公司市值
每股综合收益	CES	当期综合收益总额 ÷ 期末实收资本

续表

变量名称	变量代码	变量定义
净利润增长率	$NPGR$	$\dfrac{当期净利润-上期净利润}{上期净利润}$
企业规模	LN ($ASSET$)	期初总资产的自然对数
引入变量 风险因子	β	CAPM 模型的个股波动风险因子，根据研究样本流通市值加权的滞后一期期末值（β_{t-1}）
时间效应	$YEAR_m$	$\begin{cases}1,& 样本所在年度\\0,& 否则\end{cases}$ （其中，$m=2010，2011，\cdots\cdots，2015$）

注：（＊）假定当期应交税款＝当期实际缴纳的税款。

4.3 实证结果及分析

4.3.1 描述性统计

本书依据面板数据同时存在组间数据、组内数据的特点，分别列示了各研究变量的总体、组间、组内描述性统计（详见表 4－2）。

表 4－2 研究变量描述性统计汇总表

变量		均值	标准差	最小值	最大值	样本量
CSR	总体	28.33	20.23	－14.82	90.83	9372
	组间		16.20	0.87	80.91	1562
	组内		12.13	－30.78	78.36	6

续表

变量		均值	标准差	最小值	最大值	样本量
TOTAX	总体	0.53	3.87	-2.65	181.68	9372
	组间		2.54	-1.11	79.59	1562
	组内		2.92	-66.56	147.59	6
VAT	总体	-0.01	20.88	-489.19	144.47	9372
	组间		9.14	-159.09	27.37	1562
	组内		18.78	-224.15	102.04	6
EIT	总体	0.36	20.80	-6.52	684.77	9372
	组间		9.20	-1.19	163.01	1562
	组内		18.66	-162.64	382.13	6
BT	总体	0.16	2.26	-6.70	121.32	9372
	组间		1.70	-0.47	62.53	1562
	组内		1.49	-54.37	68.99	6
TCRR	总体	0.04	0.20	-8.06	2.46	9372
	组间		0.10	-2.36	0.37	1562
	组内		0.17	-6.66	2.48	6
WCR	总体	0.13	0.55	-10.41	1.19	9372
	组间		0.36	-6.32	0.77	1562
	组内		0.41	-8.96	6.79	6
FCFS	总体	-0.17	1.26	-23.32	26.48	9372
	组间		0.74	-9.29	7.70	1562
	组内		1.02	-14.20	22.31	6
B/M	总体	0.55	0.38	0.004	10.93	9372
	组间		0.25	0.002	4.87	1562
	组内		0.29	-4.18	8.62	6

续表

变量		均值	标准差	最小值	最大值	样本量
CES	总体	0.36	0.74	-6.86	12.53	9372
	组间		0.54	-1.10	8.85	1562
	组内		0.50	-10.49	10.68	6
NPGR	总体	-0.13	28.04	-313.36	319.68	9372
	组间		11.53	-169.06	169.11	1562
	组内		25.56	-244.43	251.02	6
LN(ASSET)	总体	22.06	1.44	11.35	28.51	9372
	组间		1.36	14.51	28.37	1562
	组内		0.47	16.4	25.92	6
β	总体	1.11	0.29	-2.65	4.77	9372
	组间		0.17	0	1.66	1562
	组内		0.24	-1.81	4.22	6

从描述性统计结果可以看出，研究总样本 CSR 均值只有 28.33，总体标准差超过组间、组内的标准差，表明我国企业履行社会责任水平较低，而且个体间差异较大。

我国宏观经济景气指数顺周期变化。从图 4-2 可以看出，宏观经济景气指数自 2014 年 7 月起急剧下降，直至 2015 年初开始有所缓解，随后缓慢回升，CSR 的变化趋势与之相符，表明该期间发生重大事件影响 CSR 的评分水平，但该事件可能归纳在研究模型中。

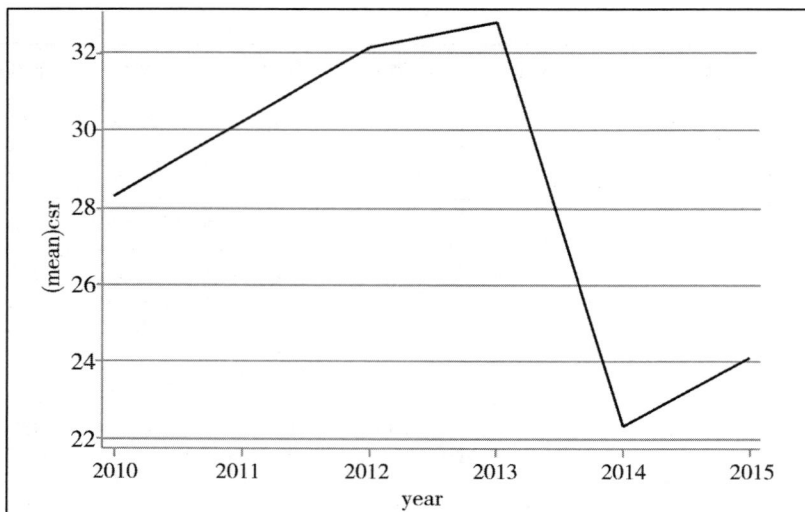

图 4 - 1 2010～2015 年 CSR 变化趋势图

资料来源：作者整理绘制。

图 4 - 2 2010～2015 年宏观经济景气指数

资料来源：作者依据国家统计局对外发布的官方数据整理绘制。

由于本书选用的企业税负计算方法是税负对平均货币资金的占用比例，而不是已有文献选用的利润总额作为分母，导致 $TOTAX$ 、EIT 与已有文献存在较大差异。对于 VAT 、BT 来说，差异的原因是税率、计税依据（税基）已事先在税制中设定，税率是税制的规范，本书计量的 VAT 、BT 是税负，但税负 ≠ 税率[①]，税负不是各税种税率的简单平均，不能随意地对不同计税方法的税率取均值来作为税负，税负应是企业承受的负担，是对货币资源的占用，两者不对等。另外，由于税制是一个完整、系统的体系，牵一发而动全身，税制内部某一税制的改革，势必影响其他相关税制的变动，从而影响 $TOTAX$ 。因此，近年来各种结构性减税政策持续不断地推行，造成 VAT 、EIT 、BT 以及其他税种的剧烈波动，从而使表 4-2 中 $TOTAX$ 也受到很大的影响。

在本书选用的 VAT 、EIT 、BT 中，最值得关注的是 $VAT < 0$，可能是以下原因造成的：①由于研究期间恰好处于"营改增"逐渐推行阶段，而同时期国家还推行大量的其他税收优惠政策（如扩大增值税免税农产品范围等），众多服务性行业均处于结构性减税的调整过程中，获得较大幅度的减免税，致使企业产生大量的当期可抵扣进项税额，最终使当期应纳增值税税额 < 0；②我国自 2009 年起，增值税由生产型转换为消费型，即购置生产用固定资产的进项税额可抵扣销项税额，并自 2013 年起企业购置的所有固定资产进项税额均允许抵扣，若上市公司在研究期间购置价值较高的固定资产，产生的高额可抵扣进项税额，也可能造成当期应纳增值税税额 < 0。

[①] 简单地解释，税务机关在设置某税种的税制结构时，并未考虑企业纳税负担，比如居民企业的所得税法定税率 25%，这是基准，然后若符合高新技术企业标准的准予适用 15% 的优惠税率，则在缴纳税款时，按应纳税所得额 × 适用税率支付货币资金，概不赊账，在此时点，缴纳税款对货币资金的占用比率才是企业税负，而不是税制中明文规定的各种税率。

其他研究变量分布比较合理，虽然样本间的数据存在较大差异，但最大值与最小值之间相对比较对称，不存在明显的异常值，可用于后续的面板数据分析。

4.3.2　实证结果及分析

4.3.2.1　单位根检验

表 4-3　面板模型各变量的单位根检验情况

变量	LLC 检验*			平稳序列判断
	t	$\bar{t}$	P 值	
CSR	−26.06	−28.26	0.000	√
自变量				
TOTAX	−84.39	−91.21	0.000	√
VAT	−140	−150	0.000	√
EIT	−120	−130	0.000	√
BT	−1600	−1800	0.000	√
控制变量				
TCRR	−120	−130	0.000	√
WCR	440	480	0.000	√
FCFS	−150	−170	0.000	√
B/M	−66.42	−72.24	0.000	√
CES	−41.38	−44.94	0.000	√
NPGR	−1000	−1100	0.000	√
LN(ASSET)	−56.29	−60.90	0.000	√
引入变量				
β	−310	−330	0.000	√

注：(*) 单位根检验均未差分。

按面板数据分析的要求，首先应对收集到的含有时间性质的数据先后进行平稳性检验（单位根检验）、模型修正（协整检验）①，只有具有平稳性的序列才能进行后续的分析研究。表 4-3 报告的是式（4.11）、（4.12）涉及的主要研究变量的单位根检验结果。由于 $INCODE$、$YEAR_m$ 为研究设置的名义变量和虚拟变量，故不考察其平稳性。

本书运用 LLC 检验进行单位根检验，结果表明，模型涉及的主要变量均具有平稳性，无须协整检验，可进行面板数据的继续分析。

4.3.2.2　模型选择

在面板数据分析中，证实主要研究变量均为平稳序列后，还应进行分析方法的选择。本书依次采用规定方法（检验结果见表 4-4），主要从混合 OLS 回归分析、固定效应回归分析、随机效应回归分析中选择恰当的回归分析方法，完成后续研究。

表 4-4　面板数据回归分析方法选择的检验结果

判断方法		模型（4.11）		模型（4.12）	
B-P 检验	$chibar2$（01）	5647.80		5618.53	
	P 值	0.000		0.000	
Hausman 检验	$chi2$（10）	135.64	$chi2$（15）		137.85
	P 值	0.000	P 值		0.000

B-P 检验可判断随机效应模型是否优于混合 OLS 模型，Hausman 检验可用于判断随机效应模型是否优于固定效应模型。两种判断方法证实：固定效应模型＞随机效应模型＞混合 OLS 模型，本书选用固定效应模型作为模型（4.11）、模型（4.12）的面板数据分析方法。

---

① 与时间相关的序列均需进行平稳性检验、协整检验，但协整检验不是必要步骤，即单位根检验证实变量为平稳序列时，则不需进行协整检验。

4.3.2.3 总体税负对 *CSR* 的影响分析—模型 (4.11)

根据本书的研究设计,企业总体税负对 *CSR* 的影响估计结果见表 4-5 中列示的模型 (4.11) 部分。

研究结果显示,模型 (4.11) 中各变量对 *CSR* 均产生显著影响,R^2 为 16.48%,F 统计量为 102.52,均表明模型 (4.11) 具有较好的拟合效果和较强的解释能力,研究各变量基本上解释了 *CSR* 与 *TOTAX* 之间存在显著的相关性。

模型 (4.11) 的个体效应明显,F 统计量为 7.09,表明随时间变化的 *TOTAX* 研究个体均对 *CSR* 起显著性作用,上市公司的运营情况时刻影响利益相关群体,最终体现在 *CSR* 得分水平的变化。

表 4-5　面板数据实证研究的估计结果*

研究变量及统计量		模型 (4.11)		模型 (4.12)	
		$Coef$ (t 值)	P 值	$Coef$ (t 值)	P 值
	cons	16.1013 (2.61)	0.009	19.9494 (3.20)	0.001
	TOTAX	0.1516 (2.83)	0.005		
	VAT			0.5814 (5.14)	0.000
	EIT			0.6036 (5.17)	0.000
	BT			−0.2356 (−2.11)	0.035
	INCODE	0.2607 (2.80)	0.005	0.2671 (2.87)	0.004
控制变量	*TCRR*	4.9125 (6.51)	0.000	4.9318 (6.54)	0.000

研究变量及统计量		模型（4.11）		模型（4.12）	
		$Coef$ (t 值)	P 值	$Coef$ (t 值)	P 值
控制变量	WCR	1.5607 (5.06)	0.000	1.4944 (4.82)	0.000
	$FCFS$	−0.5062 (−4.02)	0.000	−0.5253 (−4.17)	0.000
	B/M	−1.6607 (−3.04)	0.002	−3.1572 (−4.84)	0.000
	CES	4.9753 (19.37)	0.000	4.9246 (19.17)	0.000
	$NPGR$	0.0211 (4.23)	0.000	0.0215 (4.31)	0.000
	$LN(ASSET)$	1.9452 (6.94)	0.000	2.1485 (7.55)	0.000
引入变量	β	1.3527 (2.16)	0.030	1.3772 (2.21)	0.027
	$YEAR_{2011}$	2.3999 (5.29)	0.000	2.6363 (5.77)	0.000
	$YEAR_{2012}$	4.6781 (9.90)	0.000	4.9558 (10.40)	0.000
	$YEAR_{2013}$	4.9782 (11.13)	0.000	5.2089 (11.58)	0.000
	$YEAR_{2014}$	−6.0965 (−13.58)	0.000	−6.0067 (−13.37)	0.000
	$YEAR_{2015}$	−3.8278 (−8.61)	0.000	−3.9129 (−8.80)	0.000

续表

研究变量及统计量			模型（4.11）		模型（4.12）	
			$Coef$ (t 值)	P 值	$Coef$ (t 值)	P 值
引入变量	模型效应	R^2	16.48%		16.69%	
		F 统计量	102.52		91.81	
		P 值	0.000		0.000	
	个体效应	F 统计量	7.09		7.06	
		P 值	0.000		0.000	
	时间效应	F 统计量	180.99		184.15	
		P 值	0.000		0.000	

注：（*）所有估计结果的置信水平为99%。

为判断模型（4.11）是否应引入时间效应 $YEAR_m$，本书测试了以 $YEAR_{2010}$ 为基期，$YEAR_{2011} \sim YEAR_{2015}$ 的系数联合显著性，检验结果显示 F 统计量为180.99，表明时间效应对模型（4.11）产生明显影响，应考虑 CSR 随时间的调整趋势。因此，模型（4.11）中 $YEAR_{2011} \sim YEAR_{2015}$ 各自对 CSR 的影响非常显著，特别是 CSR 与 $YEAR_{2014}$、$YEAR_{2015}$ 均是负相关，且尤以 $YEAR_{2014}$ 的影响程度最为严重，恰好解释了图4-1中 CSR 在2014年陡然下降、2015年略有回升的现象，表明2014年、2015年发生的大事件并未包含在模型（4.11）中，但对 CSR 产生显著性负面影响，而模型（4.11）中未包含的但发生在2011~2013年的大事件对 CSR 具有积极的重大影响。

模型（4.11）中风险系数 β 对 CSR 的影响也非常显著，表明 CSR 受到宏观经济形势、市场环境变化的顺向影响，而宏观环境的变化除了国家发展规划的调整，更多的是对"例外"的调整和修正，以引导经济平稳有序地发展，这些"例外"多数是企业以前年度运营产生的外部性造成的。因此，基本上是遵循"企业以前年度运营外部性（体

现在 CSR 中）→宏观环境变化→产生风险系数（β）→当期及未来年度 CSR 变化（或外部性变化）→……"的路径循环往复下去。

CSR 与 $TOTAX$ 之间存在显著的正相关性，即 $TOTAX$ 每波动 1 个单位，CSR 则会同向变动 0.1516 个单位，研究结果支持 $H1$。 这说明 $TOTAX$ 是 CSR 的重要构成内容，直观地体现上市公司对利益相关群体社会福利的贡献。[①]

$INCODE$ 是本书为探寻上市公司所处行业对 CSR 的影响而设置的研究变量。研究发现，$INCODE$ 可显著影响 CSR，而且相较于 $TOTAX$，$INCODE$ 对 CSR 的影响程度更剧烈，达到 0.2607。本书同时发现，不仅上市公司所处行业对 CSR 评分有影响，[②] 而且在 $INCODE$ 发生变化时，也可对 CSR 产生明显的影响，这说明各个行业都有其 CSR 评分体系，体现所处该行业的企业在运营过程中对利益相关群体的影响，而上市公司的行业转换会引起 CSR 的明显变化，应摆脱仅有高污染、高耗能、高事故的行业才应重点关注 CSR 的陈旧观念。

控制变量 $TCRR$、WCR、$FCFS$、B/M、CES、$NPGR$、$LN(ASSET)$ 很好地约束了模型稳定性，特别是 $TCRR$、CES 对模型的控制能力最强，表明现金是维持企业正常运营的重要资源，综合收益[③]是企业运营成果的重要指标，$TCRR$、CES 显著地控制 CSR 与 $TOTAX$ 之间的相关关系。

4.3.2.4　各税种对 CSR 的影响分析—模型（4.12）

根据本书的研究设计，企业各税种（VAT、EIT、BT）对 CSR

---

① 主要是对政府的贡献，其次是财政收入的转移支付对其他利益相关群体的贡献。

② 和讯网上市公司社会责任报告专业评测体系对组成部分按不同行业进行系数赋值，表明行业差异对上市公司 CSR 的影响。

③ 除净利润外，还包括未计入利润表的其他利得和损失扣除所得税影响后的盈余，综合体现企业生产、经营的成果。

的面板数据影响的估计结果见表 4 − 5 中列示的模型（4.12）部分。

研究结果显示，模型（4.12）中各变量对 CSR 均产生显著影响，R^2 为 16.69%，F 统计量为 91.81，均表明模型（4.12）具有较好的拟合效果和较强的解释能力，研究各变量基本上解释了 CSR 与 VAT、EIT、BT 之间存在显著的相关性。

模型（4.12）具有明显的个体效应，F 统计量为 7.06，表明随时间变化的 VAT、EIT、BT 均对 CSR 起显著性作用，上市公司对三大税种的纳税情况时刻影响利益相关群体，最终体现了 CSR 得分水平的变化。

为判断模型（4.12）是否应引入时间效应 $YEAR_m$，本书测试了以 $YEAR_{2010}$ 为基期，$YEAR_{2011} \sim YEAR_{2015}$ 的系数联合显著性，检验结果显示 F 统计量为 184.15，表明时间效应对模型（4.12）产生明显影响，可以影响三大税种对 CSR 的影响程度，应考虑 CSR 随时间的调整趋势。因此，模型（4.12）中 $YEAR_{2011} \sim YEAR_{2015}$ 各自对 CSR 的影响情况与模型（4.11）的估计结果基本一致，CSR 也与 $YEAR_{2014}$、$YEAR_{2015}$ 存在负相关关系，且尤以 $YEAR_{2014}$ 的影响程度最为严重，但比模型（4.11）的影响程度略低，表明除了纳入模型（4.12）的研究变量之外，2011 ～ 2015 年均有对 CSR 产生重大影响的事件，而且与模型（4.12）的影响方向相同。

模型（4.12）中风险系数 β 对 CSR 的影响也非常显著，与模型（4.11）的估计结果一致，只是影响系数略有差异。

VAT、EIT、BT 是本书设计的三个主要税种，用来分析模型（4.12）与 CSR 的相关性。估计结果表明，① VAT 显著地影响 CSR，VAT 对 CSR 的边际影响为 0.5814，即 VAT 每增加（或减少）1 个单位，CSR 同方向波动 0.5814，研究结果支持 $H2$ 有关 VAT 的假设。② EIT 与 VAT 同样显著地影响 CSR，但影响程度略高于 VAT，达到 0.6036，可能是由于税务机关、企业管理层都非常注重所得税的年度汇算清缴，其税负额度直接影响企业本年度利润水平，从而向利益相关群体传递企业盈余的相关信号，影响股价走势；而增值税未计入利润表，其税额缴纳发生在纳税年度内规定的若干期限内，不在发布年度财务报告的敏感期间内，对 CSR 的影响程度比 EIT 稍弱，研究结果支持 $H2$ 有关 EIT 的假设。③CSR 受到 BT 反向的显著影响，但从 P 值上来看，BT 刚通过检测，表明 BT 虽然在一定程度上削弱 CSR 评价得分（-23.56%），但研究个体的 BT 对 CSR 的显著性影响逐渐弱化，而我国在本书研究期间逐渐推行"营改增"，BT 对企业运营的影响逐步消除，研究结论与宏观税制变化相符，研究结果支持 $H3$。

$INCODE$ 对 CSR 的影响与模型（4.11）的研究结论相符，上市公司所处行业及行业转换都是 CSR 的影响因素，CSR 应引起社会各行业的重视，充分关注本行业对利益相关群体的影响。

控制变量的研究结论与模型（4.11）的相同，只是相关系数存在差异，本书不再赘述。

4.4　本章结论

本书选取 2010～2015 年期间沪深两市 1 562 家 A 股上市公司作为研究样本，采用双向固定效应面板模型分析企业税负对 CSR 的影响，得到以下研究结论：

4.4.1　样本统计研究结论

4.4.1.1　我国上市公司社会责任的平均得分水平较低

本书采用和讯网《上市公司社会责任报告专业评测体系》公布的评价结果，该体系基于行业差异对不同组成部分给予不同赋值，具有一定的科学性。本书研究样本的统计结果是上市公司 CSR 均值为 28.33，标准差达 20.23，表明 CSR 仍未引起普遍关注，企业的公民意识较差，仍停留在"利润最大化"的低级目标上，不重视企业外部性带来的连锁反应，忽视经济与社会联动性的经济后果，建议证券监管机构要求上市公司强制性披露 $CSRR$，增强上市公司的责任意识，全面改善与相关利益群体的关系。

4.4.1.2　企业税负占用大量的货币资金

由于企业缴纳税金是对企业货币资源的无偿占用，而不是简单地对利润总额的占用，即税负≠税率，则依据本书设计的 $TOTAX$、EIT 计算公式发现，研究期间的企业总体税负对货币资金的占用高达 53％、企业所得税税负为 36％，这是把货币资金均值作为分母的计算方法，其实更精确的分母应是"当期经营活动产生的净现金流"项目。①

4.4.1.3　研究期间的"营改增"结构性减税效果明显

我国"营改增"自 2012～2016 年是由部分地区试点、部分行业试行至全国全面实施的时期，本书的研究期间为 2010～2015 年恰好有部分期间覆盖在"营改增"的政策推行期间，可以明显地测试出结构性减税的成果。表 4－2 显示，VAT ＜0 且公司间增值税税负存在很大差异，表明享受"营改增"政策的企业受益匪浅，税制改革对减轻企业负担产生明显效果。

4.4.2　企业税负的研究结论

模型（4.11）、（4.12）证实，有关税负的变量 $TOTAX$、VAT、EIT、BT 都显著地影响 CSR。相对于 EIT、VAT、BT 的影响系数，$TOTAX$ 综合各种税负因素对 CSR 产生较为平缓的影响，表明还有未纳入模型的税种对 CSR 产生较明显的消极影响，抵消了 VAT、EIT

---

① 原因是纳税义务多产生于经营活动中，且现金流量表并未详细地区分经营、投资、筹资的涉税行为。

对 CSR 的积极影响。

EIT 对 CSR 的积极影响程度最强烈，主要原因是企业所得税决定企业盈余水平和利润分配方案，且税务机关、企业管理层都非常重视企业所得税的汇算清缴。

VAT 对 CSR 的积极影响程度次之，表明"营改增"和其他结构性减税政策带给企业及其利益相关群体非常重大的影响，上市公司积极响应"营改增"等结构性减税政策，从而影响 CSR 评分。

BT 与 VAT 恰好相反，"营改增"的宗旨是营业税纳税人改征增值税，研究期间的 BT 对企业盈余的影响趋于弱化，营业税的重复征税、增加企业负担等缺点对 CSR 产生消极影响，降低 CSR 的评分。

4.4.3　CSR 与企业所处行业存在显著正相关性

长期以来，CSR 一直是高污染、高耗费、高事故等企业关注的重点，但是本书研究结果显示，CSR 与行业指标 $INCODE$ 存在显著的正相关关系，并不是仅有特定的行业才与 CSR 有关，各行业的公司管理层均应重视 CSR 在企业持续性运营与利益相关群体之间的桥梁和纽带作用。

4.4.4　CSR 与风险系数 β 显著的同方向变化

CSR 与企业税负的面板模型分析结果显示，风险系数 β 对 CSR 的影响也非常显著，CSR 受到前期宏观经济形势、市场环境变化的顺向影响，基本遵循"企业以前年度运营外部性（体现在 CSR 中）→宏观环境变化→产生风险系数（β）→当期及未来年度 CSR 变化（外部性变化的体现）→……"的路径循环往复。

4.4.5　CSR 受到时间效应 $YEAR_m$ 的显著影响

本书在测试以 $YEAR_{2010}$ 为基期、$YEAR_{2011} \sim YEAR_{2015}$ 的系数联合

显著性时发现，管理层必须重视社会、经济大事件对企业经营产生的任何改变，这都可能引起 CSR 的顺方向调整，应及时分析调整企业运营策略，提升经济正外部性，规避经济负外部性。

5 CSR 驱动研发创新的影响分析

在当前的经济形势下，企业是多元主体，是利益相关群体的契约集合体，涉及多重相关利益关系，分布在社会的各个领域。但是，契约并不完备，为了在激烈的竞争环境中持续经营，企业需与周围的利益相关群体及所处环境和谐相处，处理好与政府的关系、与员工的关系以及与社区的关系等的同时，承担一定的社会责任，诚信经营、吸纳就业、维护消费者利益、支持公益慈善事业、保护环境……

从财务管理的角度来说，企业运营的目标可以简单地区分为：利润最大化、股东财富最大化、社会价值最大化。[①] 相对于前两个最大化目标较为突出的局限性，社会价值最大化有效地整合了时间、风险和可持续发展等重要因素，是在实现企业价值最大化的同时，企业与利益相关群体协调发展，形成企业的社会责任和经济效益间的良性循环关系，体现经济绩效和社会绩效的优化统一，应是现代企业运营的目标，这也正是 CSR 的基本思想内容。

Wood & Jones(1995) 界定 CSR 是企业处理其与利益相关群体之间关系的一种战略管理行为。在创新驱动发展的新常态下，企业成为

---

① 企业运营目标还包括企业价值最大化、相关利益者价值最大化。基于第 3 章的理论基础分析，以及社会价值最大化的基本内容，本书将企业价值最大化、相关利益者价值最大化纳入社会价值最大化的研究范围内。

创新提升企业价值和履行 *CSR* 提升社会价值的统一体，而体现社会价值最大化的 *CSR* 则成为与资本、技术和人才同样重要的价值要素，是企业持续稳定规模发展的必要条件。企业在投入研发创新的同时注重履行社会责任，可以满足众多利益相关群体的需求，增强消费者对产品的购买意愿、获取稀缺的行政特许资源、多渠道筹集资金，都可以促进企业财务绩效、社会绩效的同步提升。

因此，本章结合企业运营的三个目标，构建企业运营目标驱动的研发创新分析框架，探讨不同运营目标对研发创新的影响情况。

5.1　文献综述与研究假设

企业履行社会责任本质上是企业的资源配置问题，若履行社会责任降低企业经济效益，则导致 *CSR* 成为企业运营的负担。企业社会绩效是评价企业履行社会责任成果的指标，其对企业财务绩效的影响目前仍没有统一的定论：

1）同向性关系的研究认为社会绩效有助于企业有效地识别对企业经营具有重要影响的相关利益群体，这些关键的相关利益群体掌握着企业运营的重要资源要素，履行社会责任可更有效地掌控资源的配置流向；

2）反向性关系的研究则认为履行社会责任需耗费企业资源，稀缺的资源势必会流向收益更高的领域，而社会责任不一定能提升企业收益，属于企业的无劳之举；

3）无关性关系的研究指出有的社会绩效较高的企业为缓解严重的委托代理关系，把有限的资源投入与生产经营毫无关系的领域（如慈善捐赠事业）中，并未对财务绩效起到实际性的推动作用。相关文献已在第 2 章进行详细的梳理，此处不再赘述。

但是，本书认为已有研究成果存在两个研究变量的界定问题：

一是，衡量企业运营成果的财务绩效。代表社会价值最大化的 CSR 呼吁企业不要只关注利润最大化，应在股东财富最大化的基础上，维护更多相关利益群体的整体福利，实现社会与企业的全面发展，即从企业公民意识、社会福利的角度上来说，社会价值最大化 CSR ＞股东财富最大化 ＞ 利润最大化。利润最大化侧重于运营和管理的角度，强调企业的赚钱能力；股东财富最大化侧重于股东权益，旨在缓解委托代理问题。

但是，财务绩效是运用财务报表及其附注系统诠释企业的财务结构、运营成果的综合体系，全面刻画了利润最大化、股东财富最大化，包含盈利能力、营运能力、偿债能力、抗风险能力等多层次指标，并未系统区分利润最大化、股东财富最大化、社会价值最大化的各项指标。若研究设计中未进行相应区分，则会导致研究结论不具有针对性，误导管理层、相关利益群体的投资决策。

例如，体现盈利能力的 ROE、EPS 分别是利润最大化、股东财富最大化的典型指标，CSR 对财务绩效的影响也应从两个角度分析：① CSR 对纯粹的"利润最大化"指标的影响，能否改善企业获取收益的能力；② CSR 对重要利益相关群体——股东的"股东财富最大化"指标的影响，能否提升股东收益，缓解信息不对称造成的逆向选择和道德风险。

二是，衡量企业履行社会责任成果的社会绩效。目前，针对社会绩效的评价一般存在两种计量方法：①依据 CSR 的构成内容自行设计评价方案，但具有一定的主观性，评价结果不具有权威性，而且随着时间推移，也难以保证后期评价结果的内在连续一致性，如洪旭（2015）、李锐（2014）、朱乃平等（2014）、付强与刘益（2013）、彭正龙与王海花（2010）等；②片面地选取 CSR 涉及的一个或几个指标作为 CSR 的替代变量，以点概全，导致研究结论缺乏一般性的解释能力，也造成研究结论之间存在一定的差异，如李文茜与刘益（2017）、王海兵与韩彬（2016）、黄苏萍（2010）等。

基于以上两种计量方法的缺陷，均无法完全客观、公正地评价代表社会价值最大化的社会绩效 CSR 指标，本书认为应采用易于取得的权威第三方机构的 CSR 评价体系对外公布的得分情况，并据此提出以下研究假设，综合评判 CSR 分别对利润最大化、股东财富最大化的影响。

H11：若其他情况不变，CSR 显著影响企业的利润最大化目标；

H12：若其他情况不变，企业的股东财富最大化目标与 CSR 显著相关。

高新技术企业将"研发创新"视为立足生存之本，是保证其持续经营与稳步发展的关键，需大量的资金流投入企业。由于研发创新具有较高的风险性，其核心问题是有效地提升研发创新能力与创新绩效。但是，履行社会责任和研发创新都需要企业投入有限的资源，那么研发创新与 CSR 之间是相互促进，还是此消彼长？

Siegel（2001）、Bansal（2005）探讨了研发创新与 CSR 之间的关系，企业应将社会责任的思想应用于产品研发和生产过程中，并强化技术应用的改进，最终实现产品的绿色创新。Brammer & Millington（2008）分析 CSR 中慈善捐赠的影响因素时发现，研发创新投入强度与慈善捐赠次数具有显著的同向关系。MacGregor & Fontrodona（2008）提出导向性创新、创新驱动下的 CSR 理念，表明创新与 CSR 相互作用，即履行社会责任促进产品或服务的创新，而创新同样有效地促进企业履行社会责任。Gallego-Alvarez et al.（2011）对研发创新投入与 CSR 的双向关系，认为 CSR 是研究创新的驱动因子，履行 CSR 的企业能够运用研创新提高资源在生产过程中的利用效率，减少资源消耗与环境污染；另外，研发创新激励企业履行社会责任以实现新产品的差异化，满足消费者的特定需求，或增加产品附加值。

黄苏萍（2010）认为企业履行社会责任和研发创新都需耗费经济资

源，在企业资源有限的条件下，企业应权衡利弊，其经验研究结果证实，CSR和创新都积极影响财务绩效，但创新只有调节作用，创新能力较低的制造企业的CSR对财务绩效具有更加强烈的促进作用。付强，刘益（2013）提出创新的绿色的论点，验证基于技术创新的社会责任对社会绩效产生积极的影响，从而提升企业财务绩效，而媒体曝光度同向地强化了该机制的影响作用。基于会计学的相关原理，朱乃平，朱丽，孔玉生等（2014）认为技术创新的目标是形成企业的无形资产，与CSR相互作用，共同向外部投资者传递有利信号，从而提升企业价值。孟源等（2014）选取医药制造上市公司分析创新程度对企业财务绩效曲线的提升作用，发现创新可缓解CSR与财务绩效的关系，且创新程度越高，对财务绩效曲线的提升作用越明显。黄珺，郭志娇（2015）以中小企业板、创业板的上市公司为研究样本，选取技术创新作为中间变量，证实CSR促进技术创新水平，提升企业价值，但技术创新的中介效应按不同行业有所差异。王海兵，韩彬（2016）证实CSR与内部控制质量之间存在良性互动关系，与企业可持续发展水平显著正相关，对企业的持续性发展产生协同效应，但是这一结论并不适用于管理层权限较小的上市公司。李文茜与刘益（2017）选取高新技术上市公司作为研究样本，发现研发投入可有效地转化为产出，履行CSR提升创新转化为企业竞争力的效率，而广告投入强度显著增强CSR促进创新转化为竞争力的效率。

通过以上梳理可以发现，大致的研究思路是在分析CSR与财务绩效的基础上，引入科研创新作为中介变量，证实创新增强CSR对财务绩效的促进作用。但是，企业管理层对运营的态度（即运营目标）可影响研发创新能力，激发企业的创新活力。因此，本书意欲验证不同的企业运营目标对研发创新的影响，并据此提出以下研究假设：

H21：不考虑其他情况，研发人员比例、职工教育经费均显著影响上市公司的研发创新能力；

H22：不考虑其他情况，上市公司的"高新技术"身份确实明显影响研发创新能力；

H23：若其他情况不变，利润最大化、股东财富最大化、*CSR* 均可相对独立地显著影响研发创新能力；

H24：若其他情况不变，企业承担 *CSR* 可显著提升利润最大化、股东财富最大化对研发创新能力的促进作用。

5.2　研究设计

5.2.1　数据来源与处理工具

5.2.1.1　数据来源

本书在借鉴王清刚与徐欣宇（2016）、黄珺与郭志娇（2015）研究的基础上，继续沿用第 4 章的 *CSR* 选取方法，采用和讯网对外公布的 *CSR* 得分。有关研究样本的数据均属于合并报表公布的相关信息，涉及的数据主要来源于以下数据库：

1）*CSR* 数据选自和讯网上市公司社会责任报告专业评测体系对外公布的 2009 年 12 月 31 日～2014 年 12 月 31 日期间研究样本的综合评级得分；

2）研究模型涉及的财务数据选自 CSMAR 数据库中 2009 年 1 月 1 日～2015 年 12 月 31 日期间的公司研究财务报表子库、财务报表附注子库、财务指标分析子库；

3）研究模型涉及的 CAPM 的上市公司股票相关数据选自 CSMAR 数据库中 2010 年 1 月 1 日～2015 年 12 月 31 日期间的股票市场衍生指标子库；

4）研究模型涉及的股东持股比例及其相关数据选自 RESSET 数据库中 2010 年 1 月 1 日～2015 年 12 月 31 日期间的股权信息子库。

5.2.1.2 数据处理工具

对原始数据进行筛选、加工、制图并实现相关检验分析所运用的主要统计分析工具有 *Excel*、*Stata*、*SPSS* 和 *Eviews*。

5.2.2 样本选择

本书选取 2009～2015 年期间沪深两市的主板 A 股上市公司作为初选样本，并按如下程序进行了样本筛选：

1）剔除筛选期间对外披露信息不完整的样本；

2）剔除筛选期间 *IPO* 的样本；

3）剔除中国证监会 2012 年修订的《上市公司行业分类指引》中规范的金融行业样本；

4）剔除筛选期间 *ST*、*PT*、退市等样本；

5）若该样本在年度资产负债表日没有交易，则取当年度或以前年度最后一日的交易数据。

本书在筛选后共得到 4 931 家上市公司作为有效研究样本，再按如下步骤确定总样本中的高新技术上市公司的子样本量：

第一步，依据《高新技术企业认定管理办法》、国家统计局 2002 年颁布的《高技术产业统计分类目录》中共同涵盖的行业，选取 6 个高新技术行业，即 C27 医药制造业，C35 专用设备制造业，C37 铁路、船舶、航空航天和其他运输设备制造业，C38 电气机械和器材制造业，C39 计算机、通信和其他电子设备制造业，C40 仪器仪表制造业。

第二步，根据中国证监会 2012 年修订的《上市公司行业分类指引》所列行业，再选取 M73 研究和试验发展作为高新技术企业。

因此，本书共选取 7 个行业作为高技术上市公司，其样本分布见表 5-1。

表 5-1　高新技术上市公司样本分布情况

高新技术行业	2010 年	2011 年	2012 年	2013 年	2014 年	2015 年	合　计
C27 医药制造业	71	77	75	75	78	77	453
C35 专用设备制造业	43	42	44	45	45	42	261
C37 铁路、船舶、航空航天和其他运输设备制造业	19	20	21	22	22	22	126
C38 电气机械和器材制造业	47	46	64	63	66	66	352
C39 计算机、通信和其他电子设备制造业	86	95	95	99	94	97	566
C40 仪器仪表制造业	9	9	8	8	7	6	47
M73 研究和试验发展	5	3	3	3	3	4	21
合　计	280	292	310	315	315	314	1826
总样本量	742	779	814	844	864	888	4931
比　重	37.74%	37.48%	38.08%	37.32%	36.46%	35.36%	37.03%

5.2.3　研发创新能力的计量

目前，存在多种研发创新能力（RD）的计量方法，如孟源等（2014）采用 R&D 人均投入和申请专利数量来测量；李文茜，刘益（2017）选用本年度的费用化与资本化研发支出之和除以本年度的主营业务收入的方法；黄珺，郭志娇（2015）则运用研发支出÷期末总资产的公式来计量。

目前，宏观测算普遍接受的计量方法是全国研发支出÷GDP，但是这个公式存在一个问题：GDP 是增加值（＝产出−投入，即？），但是研发支出是对经济资源的耗费（即投入），耗费≠产出，特别是研究阶段的研发耗费≪产出。本书认为正确的测算思路是研发投入占经济资源的比重，具体到本章的研发创新能力（RD）应是研发创新投入额占企业总资产的比例，即本书采纳黄珺，郭志娇（2015）的思路。

本书在计量研发创新能力时，在黄珺，郭志娇（2015）的基础上，仍运用会计报表及其附注和相关项目明细账户之间的钩稽关系，进行了合理的修正：

$$研发创新能力\ RD = \frac{研发创新投入额}{(期初总资产 + 期末总资产) \div 2} \qquad (5.1)$$

式（5.1）描述的是上市公司研发创新投入额对企业内部资源的占用，即研发创新对资源的耗费。式中的分母取自上市公司年度资产负债表，而选取年度总资产均值的主要原因是缓解年末资产总额较年初数据波动程度，以保证数据的稳定性。

根据会计准则的相关规定，研发支出项目（或账户）核算的是研究与开发无形资产过程中发生的各项支出（即研发项目的投入），并分别设置"费用化支出""资本化支出"明细账户，对于不满足无形资产准则规定的资本化条件的，计入"费用化支出"账户，并在各期期末转入"管理费用"账户；对于满足无形准则规定的资本化条件的，计入"资本化支出"账户，在达到预定用途时才转出此账户（即未达到预定用途前只能在此明细账户归集）。

由于财务报表附注信息披露不完备，需结合财务报告中多个相关信息综合整理。因此，式（5.1）中研发创新投入额按以下方法进行计量：

1）研发创新投入额＝研发支出的本期借方发生额

　　　　　　　　＝费用化支出明细账户的本期借方发生额

　　　　　　　　＋资本化支出明细账户本期借方发生额

2）若费用化支出明细账户本期借方发生额＝0，但管理费用中研发费用明细账户≠0，则根据上式的研发支出账户的钩稽关系决定数据的取舍。

5.2.4　CSR 驱动研发创新的影响分析框架的设计

大量研究成果表明，研发创新能力 RD 可以增强 CSR 对企业财务绩效的促进作用，但是上市公司是营利组织，其维持生存的首要目标是盈余，其次才能维护股东权益，维护其他相关利益群体的社会福利，才能有其他资金支持企业履行社会责任，才能在规模发展的同时顾及企业的公民意识。研发创新虽然具有高风险，但同时具有高收益的特点，公司管理层对企业运营目标的态度，可能很大程度上会激励研发创新活动，从而实现长期战略规划。

基于以上分析，本章按以下路径实现 CSR 驱动研发创新的影响分析：①

5.2.4.1　CSR 分别对 ROE 、SMP 的影响分析框架

已有文献证实 CSR 对财务绩效的影响，但代表社会价值最大化的 CSR 是在股东财富最大化的基础上拓展至其他利益相关群体，并且两者的基石是利润最大化。财务绩效的构成指标分别体现了利润最大化、股东财富最大化，但并未进行分类，本书分别选取利润最大化、股东财富最大化的指标 ROE 、SMP ，分析社会价值最大化 CSR 对两者的影响程度，并结合相关控制变量（ $Controls$ ），构建多元的相对静态回归模型（5.2）、（5.3）：

$$ROE_{i,t}=\alpha_{11}\times CSR_{i,t-1}+\alpha_{12}\times Controls+\varepsilon_{i,t} \tag{5.2}$$

$$SMP_{i,t}=\alpha_{21}\times CSR_{i,t-1}+\alpha_{22}\times Controls+\varepsilon_{i,t} \tag{5.3}$$

---

① 由于本章讨论的是 CSR 对研发创新的驱动影响，只有上一期的 CSR 才能影响当期的研发创新能力，故选取滞后一期的 CSR（ CSR_{t-1} ）作为模型的研究自变量。

5.2.4.2　CSR 驱动研发创新能力 RD 的影响分析框架

首先，在不考虑营运目标的前提下，构建研发创新能力 RD 与研发人员比例 EDU、职工教育经费 EMTR 的回归模型（5.4），分析 RD 的原始驱动因素：

$$RD_{i,t} = \alpha_{31} \times EDU_{i,t} + \alpha_{32} \times EMTR_{i,t} + \alpha_{33} \times INCODE_{i,t}$$
$$+ \alpha_{34} \times Controls + \varepsilon_{i,t} \qquad (5.4)$$

其次，分别引入利润最大化 ROA、股东财富最大化 SMP、社会价值最大化 CSR，分别构建特定运营目标对研发创新能力 RD 的驱动模型：

$$RD_{i,t} = \alpha_{41} \times EDU_{i,t} + \alpha_{42} \times EMTR_{i,t} + \alpha_{43} \times ROE_{i,t} + \alpha_{44}$$
$$\times INCODE_{i,t} + \alpha_{45} \times Controls + \varepsilon_{i,t} \qquad (5.5)$$

$$RD_{i,t} = \alpha_{51} \times EDU_{i,t} + \alpha_{52} \times EMTR_{i,t} + \alpha_{53} \times SMP_{i,t} + \alpha_{54}$$
$$\times INCODE_{i,t} + \alpha_{55} \times Controls + \varepsilon_{i,t} \qquad (5.6)$$

$$RD_{i,t} = \alpha_{61} \times EDU_{i,t} + \alpha_{62} \times EMTR_{i,t} + \alpha_{63} \times CSR_{i,t-1}$$
$$+ \alpha_{64} \times INCODE_{i,t} + \alpha_{65} \times Controls + \varepsilon_{i,t} \qquad (5.7)$$

最后，将三个运营目标及其两两交互项纳入同一模型，分析多重运营目标对研发创新能力 RD 的影响模型（5.8）：

$$RD_{i,t} = \alpha_{71} \times EDU_{i,t} + \alpha_{72} \times EMTR_{i,t} + \alpha_{73} \times ROE_{i,t} + \alpha_{74} \times SMP_{i,t}$$
$$+ \alpha_{75} \times CSR_{i,t-1} + \alpha_{76} \times ROE_{i,t} \times SMP_{i,t} + \alpha_{77} \times ROE_{i,t}$$
$$\times CSR_{i,t-1} + \alpha_{78} \times SMP_{i,t} \times CSR_{i,t-1} + \alpha_{79} \times INCODE_{i,t}$$
$$+ \alpha_{710} \times Controls + \varepsilon_{i,t} \qquad (5.8)$$

5.2.5　定义变量

根据本书的研究目的，研究涉及各变量的具体界定、计算方法详见表 5-2。变量的选取综合考虑了社会价值最大化（CSR）分别对利润最大化（ROE）、股东财富最大化（SMP）的影响，还期望探析企业不同运营目标对研发创新的驱动力。由于企业运营的影响因素较为复杂，本书依据研究需要分别从宏观、市场、经营、财务、发展的角度设置了模型的控制变量，并在静态截面模型的基础上引入时间因子，更合理地控制模型的稳定性。

表 5-2　研究模型的变量描述

变量名称	变量代码	变量定义
研发创新能力	RD	依据式（5.1）计算所得
利润最大化	ROE	利润最大化的替代指标： $资产回报率 = \dfrac{当期净利润}{(期初总资产 + 期末总资产) \div 2}$
股东财富最大化	SMP	股东财富最大化的替代指标： 每股市值 = 期末市值 ÷ 期末股本
社会价值最大化	CSR	提取自和讯网上市公司社会责任报告专业评测体系，由股东责任，员工责任，供应商、客户和消费者权益责任，环境责任，社会责任五项构成，具体内容见图 2-2。 根据研究目的，本章选取滞后一期的 CSR（即 CSR_{t-1}）作为研究变量。
研发人员比例	EDU	期末研发人员数量 ÷ 当期期末上市公司员工总数
职工教育经费	EMTR	当期职工教育经费减少额* ÷ 当期利润总额
利润最大化与股东财富最大化的交互	ROE × SMP	
利润最大化与 CSR 的交互	ROE × CSR	
股东财富最大化与 CSR 的交互	SMP × CSR	

续表

变量名称	变量代码	变量定义
行业代码	$INCODE$	根据中国证监会 2012 年修订的《上市公司行业分类指引》所列行业，剔除金融业后，选取以下研发创新能力最强的行业，作为研究的虚拟变量（详见表 5 - 1）。 本书 $\begin{cases} 1，本书选取的高新技术上市公司 \\ 0，否则 \end{cases}$
控制变量（Controls）		
宏观 风险	风险因子	β	CAPM 模型的个股波动风险因子，根据研究样本流通市值加权的滞后一期期末值（β_{t-1}）。
市场 风险	托宾 Q^{**}	Q	期末市值÷当期期末总资产
市场 风险	Z 指数	Z	第一大股东持股比例÷第二大股东持股比例
经营 风险	全部现金 回收率	$TCRR$	当期经营活动净现金流÷期末总资产
经营 风险	速动比率	QR	(期末流动资产-期末存货)÷期末流动负债
财务 风险	资产负 债率	ALR	期末负债总额÷期末资产总额
财务 风险	经营杠杆	OGR	$\dfrac{流动负债-短期借款-\dfrac{一年内到期}{非流动负债}-金融负债^{***}}{负债总额}$
发展 风险	企业规模	$SIZE$	期初总资产的自然对数〔$LN(ASSET)$〕
发展 风险	股东权益 /负债	EDR	期末股东权益总额÷期末负债总额
时间效应	$YEAR_m$	$\begin{cases} 1，样本所在年度 \\ 0，否则 \end{cases}$ （其中，$m=2010，2011，\cdots\cdots，2015$）

注：* 按"应付职工教育经费"明细账的规则，减少额即为职工教育经费的发生额，增加额只是职工教育经费的计提额。

** 分母应为"资产重置成本"，因该数据不易取得，故以"当期期末总资产"替代。

*** 金融负债＝交易性金融负债＋衍生金融负债。

5.3 实证结果及分析

5.3.1 描述性统计

由于上市公司对研发投入的不连续性以及会计信息披露的不完整性，研发创新能力 RD 的相关研究样本不具有连续性，造成 2010～2015 年期间的各年度样本量不完全相同（即非平衡面板数据），本章则按年度子样本、总样本分别列示主要研究变量的描述性统计（汇总表详见表 5-3）。

结合图 5-1 可以发现，研究期间各年度的 RD 均值呈逐年上升趋势，尤其以 2015 年度的上升幅度最为迅猛，表明我国上市公司日益重视研发创新能力，以"创新"作为企业生命力的意识逐渐增强，积极影响国家宏观规划要求，符合国家提出的"创新驱动发展"的战略要求。但是，我们还应清醒地意识到，按式（5.1）计算所得的研究期间 RD 均值仅有 1.53%，即研究期间的年均研发创新投入占企业内部资源均值的比例<2%，我国的创新水平还处于较低的水平。

表 5-3 研究变量描述性统计汇总表

变 量		均值	标准差	最小值	最大值	样本量
RD	总体	0.0153	0.0252	−0.0002	0.4892	4931
	2010 年度	0.0098	0.0140	−0.0001	0.1864	742
	2011 年度	0.0117	0.0167	−0.0001	0.2710	779
	2012 年度	0.0136	0.0170	−0.0001	0.2109	814
	2013 年度	0.0157	0.0219	−0.0002	0.2930	844
	2014 年度	0.0181	0.0287	−0.0001	0.4129	864
	2015 年度	0.0217	0.0388	−0.0001	0.4892	888

变　量		均值	标准差	最小值	最大值	样本量
ROE	总体	0.04316	0.0788	− 0.6715	1.9330	4931
	2010 年度	0.0634	0.1213	− 0.1941	1.9330	742
	2011 年度	0.0520	0.0671	− 0.2603	0.4896	779
	2012 年度	0.0402	0.0766	− 0.6715	1.0895	814
	2013 年度	0.0374	0.0732	− 0.4484	1.2016	844
	2014 年度	0.0366	0.0619	− 0.5225	0.4636	864
	2015 年度	0.0331	0.0590	− 0.2402	0.3761	888
SMP	总体	20.0855	15.7258	− 39.3278	234.1646	4931
	2010 年度	24.1361	16.5397	4.0385	191.3774	742
	2011 年度	16.6561	12.7929	2.7685	202.4485	779
	2012 年度	15.4342	13.0942	2.3879	218.2136	814
	2013 年度	17.4816	13.2805	2.6795	139.2889	844
	2014 年度	20.4762	13.8347	3.9217	198.8681	864
	2015 年度	26.068	20.1271	− 39.3278	234.1646	888
CSR_{t-1}	总体	28.4832	20.4596	− 13.18	90.83	4931
	2010 年度	29.66279	18.7173	− 6.18	78.88	742
	2011 年度	31.3327	21.2496	− 10.78	85.67	779
	2012 年度	32.0718	22.8341	− 9.65	89.12	814
	2013 年度	32.5485	23.3957	− 8.81	90.83	844
	2014 年度	22.3833	15.2128	− 10.74	84.81	864
	2015 年度	23.7793	17.8985	− 13.18	84.35	888

续表

变 量		均值	标准差	最小值	最大值	样本量
EDU	总体	0.2394	0.1784	0.0055	0.9508	4931
	2010 年度	0.2221	0.1808	0.0055	0.9284	742
	2011 年度	0.2289	0.1787	0.0103	0.9508	779
	2012 年度	0.2295	0.1739	0.0091	0.9222	814
	2013 年度	0.2390	0.1764	0.0087	0.9133	844
	2014 年度	0.2482	0.1769	0.009	0.8964	864
	2015 年度	0.2640	0.1807	0.009	0.9128	888
EMTR	总体	0.0323	0.4475	−21.3819	10.8079	4931
	2010 年度	0.0301	0.1004	−0.7109	1.7539	742
	2011 年度	0.0397	0.1092	−0.5433	1.2838	779
	2012 年度	0.0572	0.4144	−0.7954	10.8079	814
	2013 年度	0.0472	0.2769	−4.9170	4.1790	844
	2014 年度	−0.0048	0.8786	−21.3819	2.5229	864
	2015 年度	0.0267	0.3323	−8.2735	3.1141	888
β	总体	1.1194	0.2834	−2.6524	2.4053	4931
	2010 年度	1.0540	0.2685	0.3294	1.6500	742
	2011 年度	1.2263	0.2303	0.4363	1.8777	779
	2012 年度	1.2906	0.3230	−2.6524	2.0311	814
	2013 年度	1.0853	0.2456	0.2971	2.4053	844
	2014 年度	0.9022	0.2451	0.0092	1.7410	864
	2015 年度	1.1673	0.1957	0.3050	1.5471	888

续表

变　量		均值	标准差	最小值	最大值	样本量
Q	总体	2.5921	2.1132	0.6831	48.5051	4931
	2010 年度	3.3381	2.6489	0.9086	48.5051	742
	2011 年度	2.0662	1.1161	0.7585	8.1094	779
	2012 年度	1.9756	1.2653	0.6831	13.9831	814
	2013 年度	2.2038	1.5919	0.7685	15.0649	844
	2014 年度	2.5438	2.0178	0.9227	29.2347	864
	2015 年度	3.411178	2.8554	0.8708	34.0092	888
Z	总体	15.4199	33.3028	1	778.1662	4931
	2010 年度	16.9753	37.2979	1	615.8617	742
	2011 年度	16.0813	30.7159	1	341.8315	779
	2012 年度	17.2072	37.0839	1	610.2539	814
	2013 年度	16.0030	32.5679	1	528.6083	844
	2014 年度	14.7630	35.0152	1	778.1662	864
	2015 年度	11.9867	26.3687	1.0013	563.2612	888
TCRR	总体	0.0433	0.07338	−0.5853	.43004	4931
	2010 年度	0.0476	0.0781	−0.5853	0.2839	742
	2011 年度	0.0307	0.0751	−0.2925	0.4300	779
	2012 年度	0.0465	0.0745	−0.2816	0.3583	814
	2013 年度	0.0418	0.0736	−0.4638	0.3794	844
	2014 年度	0.0456	0.0708	−0.2240	0.3470	864
	2015 年度	0.0467	0.0677	−0.3054	0.3193	888

续表

变　量		均值	标准差	最小值	最大值	样本量
QR	总体	1.5205	2.0826	0.0605	36.0382	4931
	2010 年度	1.6331	2.3995	0.1055	35.2182	742
	2011 年度	1.5736	2.4064	0.0892	35.1014	779
	2012 年度	1.4903	1.9059	0.0605	18.4780	814
	2013 年度	1.5150	2.2077	0.0839	36.0382	844
	2014 年度	1.4366	1.6920	0.0747	18.7567	864
	2015 年度	1.4945	1.8570	0.0813	22.1124	888
ALR	总体	0.4832	0.2071	0.0103	2.5292	4931
	2010 年度	0.4754	0.2194	0.0212	2.5292	742
	2011 年度	0.4864	0.2112	0.0206	1.8061	779
	2012 年度	0.4893	0.2116	0.0347	2.0559	814
	2013 年度	0.4906	0.1995	0.0103	1.0361	844
	2014 年度	0.4866	0.2027	0.0355	1.1123	864
	2015 年度	0.4712	0.2001	0.0341	1.0042	888
OGR	总体	0.5617	0.2489	0.0058	1	4931
	2010 年度	0.5900	0.2532	0.0277	1	742
	2011 年度	0.5570	0.2552	0.0058	1	779
	2012 年度	0.5518	0.2512	0.0240	1	814
	2013 年度	0.5491	0.2449	0.0537	1	844
	2014 年度	0.5598	0.2416	0.0303	1	864
	2015 年度	0.5652	0.2470	0.0488	1	888

续表

变　量		均值	标准差	最小值	最大值	样本量
SIZE	总体	22.0683	1.2549	18.6744	27.5467	4931
	2010 年度	21.9894	1.3864	18.8314	27.2688	742
	2011 年度	22.0756	1.2990	19.0567	27.5467	779
	2012 年度	22.0342	1.2406	18.7680	27.0387	814
	2013 年度	22.0480	1.2145	19.0811	26.8984	844
	2014 年度	22.1231	1.2194	18.8778	26.8733	864
	2015 年度	22.1248	1.1812	18.6744	26.6876	888
EDR	总体	1.8449	2.9881	− 0.6046	96.3839	4931
	2010 年度	1.9830	3.1291	− 0.6046	46.2311	742
	2011 年度	1.9073	3.2203	− 0.4463	47.5636	779
	2012 年度	1.8007	2.5701	− 0.5136	27.8256	814
	2013 年度	1.8215	3.9995	− 0.0349	96.3839	844
	2014 年度	1.7368	2.3423	− 0.1010	27.1954	864
	2015 年度	1.8426	2.3924	− 0.0042	28.3309	888

对比企业运营三大目标（ROE、SMP、CSR_{t-1}）来看，ROE呈逐年下降的趋势，从2010年0.0634下降至2015年0.0331，表明上市公司盈利水平有所下降，逐渐改变利润最大化的思想，不再将运营的焦点放在一味地追求利润最大化上，而是逐渐注重从其他角度提升企业的全面价值；SMP呈现U形变化，2011～2013年的股东财富较其他年度遭受一定的损失，但总体上表明管理层非常注重股东权益的维护；CSR_{t-1}实际上是2009～2014年的数据，结合第4章图4-1来看，CSR在2009～2013年期间基本上维持温和上升的态势，但在2014年遭受重创跌至谷底，随后在2015年有所回升，表明管理层已经逐渐意

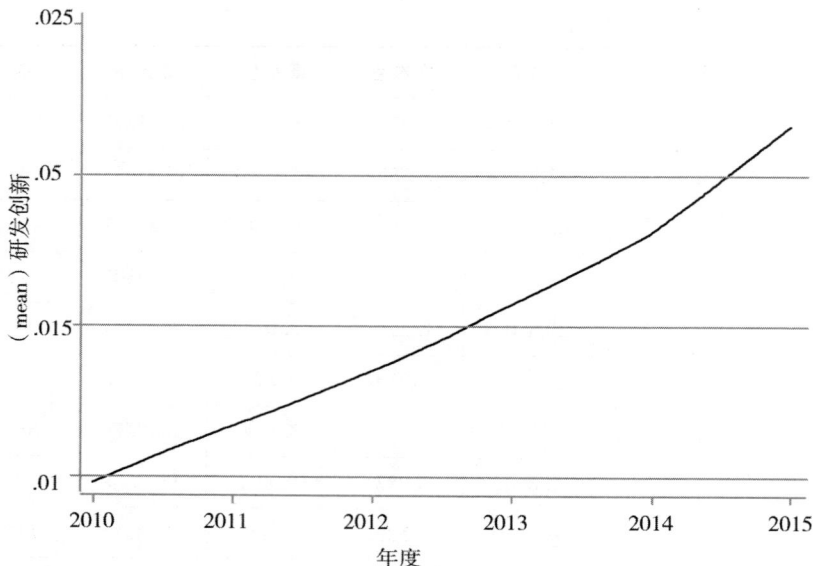

图 5-1　2010～2015 年研发创新的变化趋势图

识到宏观环境对上市公司的重要影响都可反映在 CSR 上，CSR 向外界（利益相关群体）传递的信号对维持上市公司稳定发展发挥着愈加重要的作用，社会价值最大化正逐步得到上市公司管理层的认可。

对于 EDU 来说，研发人员均值呈逐年上升趋势，但上市公司间差距明显，表明上市公司对研发人员"求贤若渴"，但因所处行业的差异，对研发创新的紧迫感、要求水平等方面不尽相同，导致企业间的研发人员比例具有较大差异。

其他研究变量分布比较合理，虽然样本间的数据存在较大差异，但最大值与最小值之间比较对称，不存在明显的异常值，可用于后续的回归分析。

5.3.2　实证结果及分析

5.3.2.1　相关性分析

表 5 - 4　主要研究变量的相关系数表

变量	RD	EDU	$EMTR$	ROE	SMP	CSR
RD	1.0000					
EDU	0.1898* (0.0000)	1.0000				
$EMTR$	0.0115 (0.4176)	0.0207 (0.1468)	1.0000			
ROE	0.1332* (0.0000)	0.1035* (0.0000)	− 0.0121 (0.3939)	1.0000		
SMP	0.1034* (0.0000)	0.2066* (0.0000)	− 0.0121 (0.3972)	0.2358* (0.0000)	1.0000	
CSR_{t-1}	0.0358* (0.0119)	0.1031* (0.0000)	0.0260 (0.0681)	0.2926* (0.0000)	0.1448* (0.0000)	1.0000

注：括号内为检验的 P 值。

* 表示两个研究变量相关系数显著水平为 1%。

回归分析之前，首要任务是运用 Pearson 相关系数判断主要变量之间可能存在的相关关系，本章的主要研究变量相关系数矩阵见表 5 - 4。结果显示，只有 $EMTR$ 与 RD 的相关系数较小且不显著，表明 $EMTR$ 与 RD 的相关程度较低，但 $EMTR$ 与 RD 是否显著相关，还需回归模型的验证。

5.3.2.2　多重共线性检验

为排除解释变量之间可能存在的相关关系，保证回归模型估计结果的准确性，本书对模型（5.2）～（5.8）涉及的主要解释变量进行多重共线性检验（VIF 检验结果见表 5 - 5）。

表 5-5 回归模型解释变量的多重共线性检验结果

模　型	Max VIF	Mean VIF	是否存在多重共线性
ROE 模型（5.2）	5.26	2.05	不存在
SMP 模型（5.3）			
RD 模型（5.4）	5.39	1.91	不存在
RD 模型（5.5）	5.43	1.90	不存在
RD 模型（5.6）	5.40	1.89	不存在
RD 模型（5.7）	5.40	1.91	不存在
RD 模型（5.8）	6.72	2.28	不存在

VIF 检验结果显示，虽然各模型主要解释变量之间的 Mean VIF 都 >1，但 Max VIF 都 <10，则研究模型的解释变量之间不存在多重共线性，满足回归模型的变量要求。

5.3.2.3　内生性检验

若模型设计时存在遗漏的变量，或解释变量与被解释之间互为因果关系，则会导致解释变量与随机扰动项之间存在相关性，需验证研究变量的内生性，检测结果见表 5-6。

内生性检验的 H_0：模型没有遗漏变量，即模型设计的主要研究变量可以很好地完成研究预设的目标。根据表 5-6 列示的检测结果显示，均无法拒绝 H_0，即各研究模型都没有遗漏的变量，不存在内生性。

表 5-6 回归模型的内生性检验结果

模　型	F	Prob > F	是否存在内生性
ROE 模型（5.2）	1.17	0.3228	不存在
SMP 模型（5.3）	1.25	0.3068	不存在
RD 模型（5.4）	1.38	0.2792	不存在

续表

模　　型	F	Prob＞F	是否存在内生性
RD 模型（5.5）	1.12	0.3125	不存在
RD 模型（5.6）	1.15	0.3092	不存在
RD 模型（5.7）	1.04	0.2883	不存在
RD 模型（5.8）	1.10	0.3182	不存在

5.3.2.4　异方差检验

由于上市公司披露的年度财务报告可能存在不完整或测量误差的情况，而且上市公司的运营也会受政策变动、自然灾害或市场动荡等宏观层面的影响，研究变量的数据可能存在异方差，还需进行异方差检验，确保数据具有同方差性。

因此，正式的回归分析前，还需完成异方差检验，检验结果见表 5-7。

异方差检验的 H_0：各解释变量具有同方差。表 5-7 的检验结果显示，各研究模型均无法拒绝 H_0，即存在异方差，需在后续采用修正异方差的稳健回归。

表 5-7　回归模型的异方差检验结果

模　　型	$chi2(1)$	$Prob＞chi2$	是否存在异方差
ROE 模型（5.2）	1225.25	0.0000	存在
SMP 模型（5.3）	4698.20	0.0000	存在
RD 模型（5.4）	2624.13	0.0000	存在
RD 模型（5.5）	2842.07	0.0000	存在
RD 模型（5.6）	2789.28	0.0000	存在
RD 模型（5.7）	2736.73	0.0000	存在
RD 模型（5.8）	2957.97	0.0000	存在

5.3.2.5 *CSR* 对 *ROE* 、*SMP* 的影响估计结果

依据上文分析，社会价值最大化 *CSR* 界定为以利润最大化 *ROE* 的运营目标为基础，拓展股东财富最大化 *SMP* 至企业涉及的所有利益相关群体，追求企业盈余和社会福利共同进步。表 5-8 列示的是社会价值最大化 *CSR* 对利润最大化 *ROE* 、股东财富最大化 *SMP* 的影响估计结果。

为保证与后续的研发创新能力 *RD* 研究的数据相统一，此处的 *CSR* 仍为滞后一期的数据，即上一期的企业履行社会责任的 *CSR* 评分对当期 *ROE* 、*SMP* 的影响情况。

1) *CSR* 对 *ROA* 的影响— *ROE* 模型 （5.2）。

研究结果表明，模型 （5.2） 中各变量对 *ROE* 均产生显著影响，R^2 、$\bar{R}^2$ 分别达到 44.2%、44%，*F* 统计量为 587.95，Root MSE 只有 0.0672，均表明模型 （5.2） 具有较好的拟合效果和较强的解释能力。

CSR 与 *ROE* 之间存在显著的正相关性，但是 *CSR* 对 *ROE* 的提升程度不明显 （0.000916），这恰好说明 *CSR* 不以利润最大化为终极目标，更多地强调维护利益相关群体、珍惜企业运营所处的生存环境等非财务领域，上市公司履行社会责任会全面均衡地提升企业的运营质量，其中也包括代表利润最大化的盈余各指标，维持企业健康平稳地发展，研究结果支持 H11。

2) *CSR* 对 *SMP* 的影响— *SMP* 模型 （5.3）。

研究结果表明，模型 （5.3） 中各变量对 *SMP* 均产生显著影响，R^2 、$\bar{R}^2$ 均达到 68.2%，*F* 统计量为 1174.25，虽然 Root MSE 较高 （14.39），但仍能有效地证实模型 （5.3） 具有较好的拟合效果和较强的解释能力。

CSR 与 *SMP* 之间存在显著的正相关性，并且对 *SMP* 的提升程度非常明显 （0.106），这恰好说明 CSR 在股东财富最大化的前提下，拓展利益相关群体，全面维护利益相关群体，强调企业运营所处生存

环境与企业发展同等重要，上市公司履行社会责任不仅会提升盈余各指标，还显著改善股东权益，有助于缓解委托代理矛盾，全面均衡地提升企业的运营质量，研究结果支持 H12。

表 5-8　企业运营目标与 CSR 回归研究的估计结果*

研究变量及统计量	ROE 模型 (5.2)	SMP 模型 (5.3)
CSR_{t-1}	0.000916*** (0.0000390)	0.106*** (0.00991)
控制变量（Controls）		
β	−0.0177*** (0.00358)	−7.724*** (1.025)
Q	0.00515* (0.00209)	1.919*** (0.313)
Z	−0.0000780** (0.0000256)	−0.0228*** (0.00497)
TCRR	0.209*** (0.0264)	14.53*** (3.812)
QR	0.00545*** (0.00122)	1.228*** (0.264)
ALR	−0.0843*** (0.0144)	−9.856*** (2.667)
OGR	0.0345*** (0.00442)	5.466*** (0.946)
SIZE	0.00163* (0.000674)	0.550*** (0.114)
EDR	0.00397*** (0.00107)	0.685*** (0.186)

研究变量及统计量	ROE 模型 (5.2)	SMP 模型 (5.3)
R^2	44.2%	68.2%
$\bar{R}^2$	44%	68.2%
Root MSE	0.0672	14.39
F 统计量	587.95	1174.25
P 值	0.000	0.000

注：括号内为标准差；$^*P < 0.05$，$^{**}P < 0.01$，$^{***}P < 0.001$。

控制变量（Controls）都有效地控制了模型（5.2）、（5.3）的稳定性，达到较好的控制效果。其中，宏观风险 β 属于系统性风险，与 ROE、SMP 显著负相关，表明上市公司的盈余、股东权益易受宏观风险波动，随着 β 的上升，ROE、SMP 都被明显拉低（分别为 -0.0177~-7.724），但 SMP 被拉低的程度更剧烈，说明股东权益的维护比利润的获取更难掌控；市场风险 Q、Z 也均与 ROA、SMP 具有显著的相关关系，其中 Z 与 ROE、SMP 是负相关，而且 SMP 对 Q、Z 的反应更为剧烈，表明股权越集中于第一大股东手中，越不利于提升上市公司盈余水平，更不利于维护中小股东权益；经营风险 TCRR、QR 与 ROE、SMP 均存在显著的正相关关系，且对 SMP 的控制更为明显（14.53 > 0.209，1.228 > 0.00545），表明利益相关群体（股东）的权益受到的影响更为剧烈；财务风险 ALR、OGR 也均显著地影响 ROE、SMP，其中 ALR 体现出负相关关系，且以 SMP 的受影响程度最为明显，表明 ALR 是财务状况的直接表现形式，或其数值居高不下，势必会影响 ROE、SMP，特别是对股东财富的损失最为明显，市场投资者"以脚投票"，转而投资其他项目；发展风险 SIZE、EDR 也产生显著的正向控制作用，对 SMP 的影响程度更突出，分别从不同的角度体现上市公司资源的配置情况，而且股东的权益在未来期间会受到更多的保障。

5.3.2.6 *CSR* 驱动 *RD* 的影响估计结果

按本书对 *RD* 研究设计的三步分析过程，表 5 - 9 分别列示了 *RD* 各研究模型（5.4）～（5.8）的估计结果。

模型（5.4）是 *RD* 与研发人员比例 *EDU*、职工教育经费 *EMTR* 的线性回归模型；模型（5.5）～（5.7）是在模型（5.4）的基础上分别引入特定运营目标 *ROE*、*SMP*、*CSR* 的 *RD* 驱动模型；*RD* 模型（5.8）是多重运营目标下 *RD* 的线性回归模型。

1）各模型估计结果的总体分析。

研究结果表明，模型（5.4）～（5.8）的各研究变量均显著影响 *RD*，R^2、$\bar{R}^2$ 均在 35% 左右，其中模型（5.8）达到最高值（分别为 35.9%、35.6%），*F* 统计量及其 *P* 值都达到了统计要求，且各模型的 Root MSE 基本在 0.023 附近，充分表明模型（5.2）～（5.8）具有较好的拟合效果和较强的解释能力。

表 5 - 9　研发创新的回归研究估计结果

研究变量及统计量	RD 模型（5.4）	RD 模型（5.5）	RD 模型（5.6）	RD 模型（5.7）	RD 模型（5.8）
EDU	0.0222*** (0.00244)	0.0219*** (0.00245)	0.0214*** (0.00245)	0.0216*** (0.00245)	0.0207*** (0.00246)
EMTR	0.000670** (0.000248)	0.000716** (0.000262)	0.000679** (0.000259)	0.000644** (0.000249)	0.000744* (0.000302)
ROE		0.0229** (0.00778)			0.0227* (0.00716)
SMP			0.0000615* (0.0000303)		0.000232*** (0.0000595)
CSR				0.0000454** (0.0000145)	0.0000748** (0.0000245)

续表

研究变量及统计量		RD 模型 (5.4)	RD 模型 (5.5)	RD 模型 (5.6)	RD 模型 (5.7)	RD 模型 (5.8)
$ROE \times SMP$						-0.000405* (0.000207)
$ROE \times CSR$						0.000749** (0.000279)
$SMP \times CSR$						0.00000435*** (0.00000109)
$INCODE$		0.0089504*** (0.0007741)	0.0090985*** (0.0007764)	0.0089986*** (0.0007759)	0.0090525*** (0.0007719)	0.0091038*** (0.0007767)
控制变量（Controls）	β	-0.00698*** (0.00168)	-0.00759*** (0.00172)	-0.00746*** (0.00175)	-0.00723*** (0.00169)	-0.00756*** (0.00174)
	Q	0.000911*** (0.000237)	0.00805*** (0.000230)	0.000827*** (0.000229)	0.000950*** (0.000240)	0.000703** (0.000223)
	Z	-0.0000366*** (0.00000657)	-0.0000345*** (0.00000635)	-0.0000353*** (0.00000649)	-0.0000363*** (0.00000661)	-0.0000318*** (0.00000624)
	$TCRR$	0.0314*** (0.00504)	0.0256*** (0.00508)	0.0303*** (0.00501)	0.0295*** (0.00500)	0.0235*** (0.00492)
	QR	0.00166*** (0.000453)	0.00154*** (0.000435)	0.00160*** (0.000451)	0.00165*** (0.000447)	0.00146*** (0.000434)
	ALR	-0.00761*** (0.00223)	-0.00520* (0.00232)	-0.00812*** (0.00219)	-0.00673*** (0.00227)	-0.00614** (0.00229)
	OGR	0.0113*** (0.00122)	0.0106*** (0.00122)	0.0110*** (0.00120)	0.0114*** (0.00123)	0.0105*** (0.00121)
	$SIZE$	0.000335* (0.000130)	0.000431** (0.000137)	0.000388** (0.000137)	0.000433** (0.000137)	0.000582*** (0.000148)

研究变量及统计量		RD 模型 (5.4)	RD 模型 (5.5)	RD 模型 (5.6)	RD 模型 (5.7)	RD 模型 (5.8)
控制变量 (Controls)	EDR	0.00130*** (0.000365)	0.00120*** (0.000341)	0.00127*** (0.000361)	0.00127*** (0.000355)	0.00118*** (0.000345)
	$YEAR_{2011}$	0.00358*** (0.000824)	0.00350*** (0.000821)	0.00388*** (0.000834)	0.00357*** (0.000823)	0.00377*** (0.000831)
	$YEAR_{2012}$	0.00447*** (0.000849)	0.00468*** (0.000850)	0.00482*** (0.000865)	0.00444*** (0.000850)	0.00515*** (0.000875)
	$YEAR_{2013}$	0.00788*** (0.000908)	0.00828*** (0.000922)	0.00822*** (0.000937)	0.00787*** (0.000907)	0.00867*** (0.000945)
	$YEAR_{2014}$	0.0108*** (0.00119)	0.0114*** (0.00122)	0.0111*** (0.00122)	0.0113*** (0.00122)	0.0117*** (0.00124)
	$YEAR_{2015}$	0.0112*** (0.00136)	0.0119*** (0.00139)	0.0112*** (0.00135)	0.0116*** (0.00136)	0.0117*** (0.00135)
R^2		35.3%	35.5%	35.4%	35.4%	35.9%
$\overline{R}^2$		35%	35.3%	35.1%	35.1%	35.6%
Root MSE		0.0238	0.0237	0.0238	0.0238	0.0237
F 统计量		191.56	182.52	180.83	181.09	144.85
P 值		0.000	0.000	0.000	0.000	0.000

注：括号内为标准差；$^*P<0.05$，$^{**}P<0.01$，$^{***}P<0.001$。

2）EDU、$EMTR$ 对 RD 的影响分析。

从表 5-9 列示的估计结果来看，EDU、$EMTR$ 对 RD 均存在显著正相关关系，其中以 EDU 的影响程度最为明显，虽然 $EMTR$ 的影响程度非常微弱，但仍是 RD 不可忽视的影响因素，研究结果支持 H21。

若不考虑运营目标，模型（5.4）中 RD 对研发人员的依赖程度非常高，职工教育经费的影响非常微弱，但在引入不同的运营目标后，

EDU 对 RD 的影响程度趋于弱化，而 $EMTR$ 对 RD 的影响程度有所上升，模型（5.8）的变化最为明显，即 EDU 由 0.222 降低至 0.0207，$EMTR$ 由 0.000670 上升至 0.000744。

模型（5.5）～（5.7）中，模型（5.5）的 EDU、$EMTR$ 对 RD 的影响效果最为明显，表明利润最大化目标下，企业研发创新能力对研发人员、职工教育具有较强的依赖，而股东财富最大化目标、社会价值最大化目标下的依赖程度相对较低的原因可能是研发创新渠道增多，如外购后改良、委托研发等形式都可降低 RD 对 EDU、$EMTR$ 的依赖。

3）企业特征对 RD 的影响分析。

企业特征仅指企业是否被认定为高新技术企业（即 $INCODE = 1$ 即为高新技术企业），模型（5.4）～模型（5.8）的研究结果显示，高新技术企业的确对 RD 产生显著的提升作用，并且随着企业运营目标由 $ROE \rightarrow SMP \rightarrow CSR \rightarrow$ 多重目标兼顾，$INCODE$ 对 RD 的影响程度逐渐提升，即由 0.00895 提升至 0.00910，上市公司被认定为高新技术企业的同时，积极履行社会责任、增加企业盈余、维护股东权益，可有效地激发研发创新能力，研究结果支持 H22。

4）不同运营目标对 RD 的影响分析。

模型（5.5）～（5.7）的研究结果显示，RD 与不同运营目标之间都存在显著的正相关关系，研究结果支持 H23。其中以模型（5.5）的利润最大化 ROE 对 RD 的影响最为明显（0.0229），模型（5.7）的社会价值最大化 CSR 的影响最微弱，模型（5.6）的影响效果居中，表明若企业运营目标仅是追求盈余，则对 RD 的影响较为明显，但随着运营目标由提升股东财富拓展至关注各利益相关群体乃至企业所处的生存空间后，企业追求多层面的价值提升必然使 CSR 对 RD 的影响程度低于单目标 ROE 对 RD 的影响程度。因此，上市公司在利润最大化 ROE 目标的基础上拓展至股东财富最大化 SMP 目标时，SMP 对 RD

的影响程度由 0.0229 下降至 0.0000615，再拓展至多维度相关利益群体的社会价值最大化 CSR 目标时，CSR 对 RD 的影响程度下降至 0.0000454，这种相关程度下降是正常的，是由运营目标由单一化转向多元化的原因造成的。

5）多重运营目标对 RD 的影响分析。

模型（5.8）的研究结果显示，RD 与多重运营目标及其交互项之间显著相关，都对 RD 产生不同程度的影响。

若上市公司履行社会责任并同时追求更多的盈余，则从 ROE 、CSR 和 $ROE \times CSR$ 的角度来看，同时存在的 ROE 、CSR 并不矛盾，都显著地提升 RD ，极大地激发上市公司的研发创新能力，影响程度约为 0.0235（＝0.0227＋0.0000748＋0.000749），高于 ROE 对 RD 的单独影响程度 0.0229，表明 CSR 是提升 RD 的有效驱动因素，研究结果支持 H24 利润最大化部分的假设。

若上市公司履行社会责任并同时创造更多的股东财富，则从 SMP 、CSR 和 $SMP \times CSR$ 的角度来看，同时存在的 SMP 、CSR 也都显著地激发 RD ，共同推动 RD 提升约 0.000311（＝0.000232＋0.0000748＋0.00000435），远远超过 SMP 、CSR 对 RD 的单独影响程度，进一步表明 CSR 可有效地推动 RD ，研究结果支持 H24 股东财富最大化部分的假设。

若上市公司同时追求盈余和股东财富时，虽然也显著地提升 RD ，但 ROE 、SMP 、$ROE \times SMP$ 的共同提升程度仅有 0.0225，低于 ROE 对 RD 的单独提升作用（0.0229），表明追求盈余和维护股东权益之间可能存在一定的矛盾，若管理层未权衡好两者的关系，可能不利于企业的研发创新能力。

模型（5.4）～（5.8）的控制变量都有效地控制各模型的稳定性，相较于模型（5.2）、（5.3），增加时间效应 $YEAR_m$ ，对模型稳定性的控制效果非常明显，特别是 $YEAR_{2014}$ 、$YEAR_{2015}$ 的控制程度最为明显，表明当年发生的特定事件对 RD 具有明显的影响，如国家宏观政策导向、税收政策的变更，都可造成 RD 的波动，若不进行控制，则会影响模型估计结果的稳定性。

5.4 本章结论

本书选取 2010～2015 年期间 4 931 个对外披露研发创新信息的上市公司相关数据作为研究样本，采用多元截面回归模型分析 CSR 对研发创新的驱动影响，得到以下研究结论：

5.4.1 样本统计的研究结论

5.4.1.1 上市公司的研发创新能力逐年提升

研究期间的 RD 连年走高，上市公司的创新能力进一步提升，增强了上市公司的竞争力，符合国家提出的"创新驱动发展"的战略要求。研发创新具有高风险，从研究阶段转化为开发阶段，并最终达到预定状态，需企业投入大量的资金，但我国上市公司的 RD 仍处于较低水平，对企业资源的平均占用仅有 1.53%，急需管理层强化创新提升竞争力、提升社会价值的意识，加大对研发的资金投入力度，真正实现以创新驱动发展的目标。

5.4.1.2 盈利水平持续下降

研究期间的上市公司盈利水平 ROE 逐年下降，从 2010 年 0.0634 下降至 2015 年 0.0331，表明上市公司单纯地追求利润最大化，并不能持续稳定地维持企业运营发展，应转变思路，从维护相关利益群体的角度来全面提升企业运营质量，尽量满足契约各方的需求，传递正外部性，提升社会进步。

5.4.1.3 股东财富呈现 U 形变化

研究期间的股东财富波动较大，特别是在 2011～2013 年间的股东财富急剧下降，在 2014 年之后有所提升，表明上市公司管理层注重股东权益的维护，虽然受到宏观政策、经济形势波动的不利影响，但仍然有效地保证了股东财富的回升，有利于缓解委托代理矛盾，实现受托责任。

5.4.2　CSR 提升企业盈余水平，更显著增加股东财富

本书对财务绩效从利润最大化、股东财富最大化两个角度进行考量，分别选取 ROE、SMP 两个指标作为替代变量，分析社会价值最大化 CSR 对两大运营目标的改善促进作用。

企业履行社会责任有效地改善企业盈余水平，表明相对于只强调利润最大化来说，CSR 确实带来额外收益，即使提升效果不明显，但仍是管理层不可忽视的影响盈余的因素；同时，CSR 大幅度提升股东财富水平，表明履行社会责任全面维护了相关群体的利益，改善了企业运营质量，特别是股东的权益受到管理层的极力关注，极大地缓解了信息不对称造成的逆向选择和道德风险。

5.4.3　上市公司提升研发创新能力有赖于研发人员

本章考察了上市公司研发人员所占比例 EDU 对研发能力 RD 的影响情况，结果发现不论企业采用何种营运目标，RD 都受到 EDU 强烈影响，只是随着企业运营目标趋于多元化，EDU 对 RD 的影响逐渐转弱，表明多重运营目标下，研发人员比例对研发创新能力的影响力下降，管理层可从其他渠道获取可转化为（或即将转化为）无形资产的创新项目，或取得仅做改良即可转化为无形资产的研发项目，或对原有产品某些微小改动即可满足更多相关利益群体需求，都可降低对 EDU 的依赖程度。因此，本书认为企业在利润最大化的基础上，拓展股东权益最大化至社会价值最大化的多重运营目标后，多渠道提升研发创新能力，提升相关群体的利益。

5.4.4 职工教育经费显著影响研发创新能力，但效果有限

本书剥离出应付职工薪酬中职工教育经费 $EMTR$，分析在职培训对研发创新能力 RD 的影响，研究发现 $EMTR$ 与 RD 显著正相关，但影响程度较弱。上市公司在积极履行社会责任并同时追求多重运营目标的情况下，RD 受到 $EMTR$ 的影响最为明显，表明上市公司在履行社会责任时，逐渐重视职工培训给员工带来的福利提升，并由此激发企业研发创新能力，并最终改善上市公司的营运质量。

5.4.5 CSR 显著推动 ROE、SMP 对 RD 的提升作用

本章构建多重企业运营目标共同存在时，对上市公司研发创新能力的驱动影响，发现履行社会责任既推动追求利润的上市公司提高研发创新能力，也积极帮助维护股东权益的上市公司增强研发创新能力，CSR 分别与 ROE、SMP 的交互作用也对 RD 起到了积极的促进作用，表明多重运营目标并不互相矛盾，可以同时存在于同一经济环境中，共同实现企业及其相关利益群体的目标。

5.4.6 高科技企业显著影响 RD

依据本书对高科技企业的界定，上市公司行业类别中共有 7 个行业被纳入研究模型的高科技企业行列，且分析结果显示上市公司是否被认定为高科技企业 $INCODE$，显著地影响研发创新能力。虽然上市公司的研发创新能力在不同运营目标下都受到 $INCODE$ 的不同影响，但只有在多重运营目标共同存在下，随着企业履行众多的社会责任以满足相关利益群体各种需求的同时，$INCODE$ 对 RD 的影响程度最为明显，表明这种环境下的创新是符合利益群体需求的创新，受到市场和社会的认可，有助于实现上市公司的各项目标，促进企业发展的良性循环。

6 企业声誉的影响分析

根据 *Dunbar* & *Schualbacb*（2001）的调查研究，美国公司的管理层把企业声誉作为商业成功的可持续驱动力。世界经济论坛与福莱国际传播咨询公司的 2003 年联合调查结果显示，132 家跨国公司把企业声誉视为衡量企业成功的重要指标，其重要性俨然超过衡量经营成果的财务绩效。

企业声誉是外部评价指标，是来自于企业外部的利益相关群体对企业的社会认同度，多集中于对社会贡献的评价。近些年来，我国企业日益重视企业声誉，积极打造良好的企业形象和社会声誉以维护稳定发展的态势，吸引了《财富》（中文版）、《经济观察报》等众多财经媒体依据各自的评选标准，对中国公司的年度调查数据进行企业声誉排名，评选出较为权威的"最受赞赏的中国公司""中国最受尊敬的企业"等社会认可度较高的公司名单，是对获奖企业经营成果、社会贡献的最直接、有效的认可，是良好企业声誉的证明。

CSR 从多个维度构建企业的综合评价体系，致力于维护和满足企业相关利益群体的多方需求，寻求企业运营和社会贡献共同进步。

从本书梳理的历年获奖名单可以看出，获奖企业大多为世界各主要资本市场的上市公司，资本市场是否认可这些体现企业声誉的奖项，对获奖上市公司的股价产生怎样的走势？另外，*CSR* 的评价体系是否有助于提升企业声誉？追求利润回报是否是企业声誉的促进因子？

因此，本章将 *CSR* 的研究领域扩展至企业声誉，一是探讨企业声誉的市场反应，阐释投资者对获奖企业的认可度；二是在市场反应分析的基础上，分析 *CSR* 和财务绩效对企业声誉的影响情况，有助于管理层对照 *CSR* 的构成要件修正经营管理中存在的疏漏点。

6.1 文献综述与研究假设

Adam Smith（1763）曾将声誉界定为确保契约顺利履行的重要机制，是对个人的隐性激励。

长期以来，企业声誉受到各方关注，各国研究者也从不同的视角界定企业声誉，基本上可以概括为以下几种思路：第一，企业声誉是经营能力的体现，表达企业稳定发展的状态，提供与企业未来业绩相关的信息；第二，企业声誉是企业各种特征的溢出效应，是各种因素协同作用的结果，而非个别因素的独立影响结果（费显政、李陈微、周舒华，2010）；第三，企业声誉形成于间接的相关利益群体中，只能实现间接管理和控制（*Fombrun*，1996；*Gray & Balmer*，1998；*Manfred*，2004）；第四，企业声誉不同于品牌、商誉等无形资产，但可能受到无形资产的影响；第五，企业声誉是价值观和期望的表达，但因为相关利益群体之间的差异，导致对企业声誉的评价也各有差异；第六，企业声誉具有累积性，且随时间变化，创建良好的声誉可能需花费多年的时间，但名誉扫地只需瞬间（*Davis*，1997）；第七，企业声誉是能够创造未来价值的战略资源，带来偏高的产品定价，低廉的劳动成本和资金成本，提高员工忠诚度，获得更高的社会认可度，增加决策时的选择机会以及危机时的抗风险能力（*Roberts& Dowling*，2002）。

学界普遍认同的企业声誉是由 *Fombrun & Rindova*（1996）提出的：利益相关群体依据企业过去发生的经济行为及其后果，参照一定的评判标准，对特定事项及未来趋势的总体评价，反映企业满足各方需求的能力。

企业声誉的评价体系多与 *CSR* 相关联，但两者的关系基本上区分为两种情况：

6.1.1　CSR 是企业声誉的重要构成要素

国内外知名财经媒体非常热衷于企业声誉的评价，如《财富》及其中文版的"最受赞赏的（中国）公司"（GMAC）、中国《经济观察报》的"中国最受尊敬企业"、德国杂志《企业管理者》的"综合声誉"等机构都构建了系统的企业声誉评价体系，*CSR* 均以不同的表现形式成为企业声誉评价模型中的重要测度指标。

除了财经媒体将 *CSR* 纳入企业声誉的分析框架内，还有部分学者也持有类似的观点。*Fombrun*（1996）构建的声誉指数（RQ）中第六部分即是"社会责任"，*Manfred*（2004）把企业声誉拆分为二维模型，*CSR* 则被纳入该二维评估模型的四要素中。*Walsh & Beatty*（2007）构建五维的企业声誉模型，社会和环境责任则作为其中一个重要维度。

事实上，依据 *Fombrun & Rindova*（1996）的观点，企业声誉是利益相关群体对企业过去的经济行为及其后果的综合评价，评判标准存在更多的主观因素；而 *CSR* 则是企业对利益相关群体履行相关责任的结果，评价体系基本上由客观信息构成。因此，二者从概念上不存在从属关系，而应是某种相关关系。特别是徐金发，刘靓（2004）详细地研究企业声誉的测度方法，认为企业声誉是情感和认知，而 *CSR* 只是影响企业声誉的动因之一，而不是企业声誉的构成因素。

6.1.2　CSR 是企业声誉的影响因素

近年来，*CSR* 与企业声誉的相关影响分析受到更多学者的关注。*Fombrun & Shanley*（1990）、*Williams & Barrett*（2000）运用公司的

慈善捐款替代 *CSR*，认为利益相关群体可依据企业发生的非经济行为感受公司对他的关心程度，并据此评价企业的声誉。基于消费者对企业的社会期望，*Maignan & Ferrell*（2003）、*Bertels & Peloza*（2008）证实 *CSR* 的各构成要素均对企业声誉产生一定影响，增强企业声誉，激发消费者的购买意愿并提高忠诚度。*Brammer et al.*（2004）则从社区关系、环境保护、员工责任的视角评价英国 227 家上市公司的企业声誉和 *CSR* 的相关关系，发现 *CSR* 与企业声誉存在明显的正相关关系。

Schwartz（1992，1994，1999）、*Schwartz & Bardi*（2001）的系列研究依据价值偏好理论合理地解释 *CSR* 影响企业声誉的动因，即每人都有各自的价值偏好，也会按自己的偏好对重要价值进行排序，也会被与自己有相似价值偏好的企业所吸引。*Siltaoja*（2006）运用访谈的研究方式证实，个人的价值偏好会影响 *CSR*，从而影响企业声誉。*Quedevo-Puente et al.*（2007）从动态的时间角度诠释 *CSR* 提升企业声誉的实现路径，即 *CSR* 刻画企业的过去，而企业声誉是预测企业的未来，企业经过若干期间的良好 *CSR* 评价得分，满足相关利益群体的需求，相关利益群体则对企业的未来发展趋势产生良好的预期，从而提高企业的声誉。

李艳华（2006）、周延风等（2007）分析认为，*CSR* 对企业组织吸引力、企业声誉都具有显著的积极影响，而且 *CSR* 在消费者评价公司声誉过程中起到显著影响。霍彬，周燕华（2014）在分析 194 个调查研究样本的基础上，提出企业声誉在 *CSR* 对企业绩效的影响中具有中介效应的观点，而且在 *CSR* 的经济责任、法律责任中的中介作用强于在慈善责任、员工责任中的中介作用。蔡月祥，卞继红，孙振华（2015）对 312 份调查问卷分析后发现，*CSR* 对企业声誉有显著的促进作用，特别是 *CSR* 中经济责任、慈善责任对企业声誉的美誉度有正向影响，而企业声誉的知名度、美誉度可促进企业降低经营成本，但对企业盈利能力没有显著的影响。

事实上，CSR 与企业声誉的关系并不能简单绝对地区分为从属关系或相关关系。本书认为，从属关系本就说明两者相关，否则企业声誉的评价体系内没有必要纳入 CSR。同时，在众多 CSR 的文献中，也有大量研究将企业声誉纳入 CSR 的评价体系内。因此，无法严格地区分 CSR 与企业声誉的从属关系，而相关关系的研究则更可行。

梳理以上研究成果还可以发现，研究 CSR 与企业声誉相关性文献中，部分研究从消费的角度，运用消费者满意度或忠诚度等指标考察 CSR 对企业声誉的提升作用。那么企业获取某项声誉奖项，如《财富》(中文版) 评选的"最受赞赏的(中国) 公司"，是否会直接引起市场的反应？还有部分研究集中于企业声誉在 CSR 与财务绩效相关性中发挥的中介作用。那么，CSR 与财务绩效是否影响到企业声誉呢？或是利益相关群体在评价企业声誉时，哪个指标更乐于被接受？相较于其他评判指标，企业声誉受到 CSR、财务绩效指标中哪个指标更为剧烈的影响？据此，本书提出以下研究假设：

H1：不考虑其他情况，资本市场对获得有关企业声誉奖项的上市公司产生强烈的积极反应；

H2：其他条件不变，CSR 显著提升企业声誉；

H3：其他条件不变，财务绩效显著影响企业声誉。

6.2　研究设计

6.2.1　数据来源与处理工具

6.2.1.1　数据来源

依据文献梳理和分析，本书的研究重点仍然集中于企业声誉与 CSR 的相关性分析，并继续沿用第 4 章、第 5 章的 CSR 选取方法，采用和讯网对外公布的 CSR 得分。有关研究样本的数据均属于合并报表公布的相关信息，涉及的数据主要来源于以下数据库：

1）企业声誉的数据选自《财富》（中文版）在 2009～2015 年期间评选并对外公布的"最受赞赏的中国公司"获奖企业名单（具体网址：http：//www. fortunechina. com/rankings/node _ 1552. htm）；

2）CSR 数据选自和讯网上市公司社会责任报告专业评测体系对外公布的 2009 年 1 月 1 日～2015 年 12 月 31 日期间研究样本的综合评级得分；

3）研究模型涉及的财务数据选自 CSMAR 数据库中 2009 年 1 月 1 日～2015 年 12 月 31 日期间的公司研究财务报表子库、财务报表附注子库、财务指标分析子库；

4）研究模型涉及的上市公司股票回报率相关数据选自 CSMAR 数据库中 2009 年 1 月 1 日～2015 年 12 月 31 日期间的股票市场衍生指标子库。

6.2.1.2　数据处理工具

对原始数据进行筛选、加工、制图并实现相关检验分析所运用的主要统计分析工具有 *Excel*、*Stata*、*SPSS* 和 *Eviews*。

6.2.2　样本选择

本书选取 2009～2015 年期间沪深两市的主板 A 股上市公司作为初选样本，并按如下程序进行了样本筛选：[①]

1）剔除获奖企业名单中的非沪深 A 股市场的公司。

2）剔除筛选期间对外披露信息不完整的样本。

3）剔除筛选期间 *IPO* 的样本。

4）剔除筛选期间 *ST*、*PT*、退市等样本。

5）若该样本在年度资产负债表日没有交易，则取当年度或以前年度最后一日的交易数据。

---

① 本章未删除金融保险业，原因是获奖企业中有金融保险企业。为保证模型的稳定性，选取的研究变量适用于所有行业。

6）若获奖名单公布日期恰逢交易所放假停盘，则顺延至开盘日为事件发生日。

7）在相关性分析框架中剔除企业规模 $[LN（ASSET）_{t-1}]$ ＜ 22.5的非获奖样本。①

表 6-1　企业声誉指标的样本分布情况

分　类			样本量 （4254）
按是否获奖分类	获奖		274
	未获奖		3 980
按评选年度分类	2009 年	获奖	18
		未获奖	362
	2010 年	获奖	24
		未获奖	460
	2011 年	获奖	45
		未获奖	513
	2012 年	获奖	45
		未获奖	569
	2013 年	获奖	45
		未获奖	637
	2014 年	获奖	46
		未获奖	690
	2015 年	获奖	51
		未获奖	749

本书在筛选后共得到 4 254 家上市公司作为有效研究样本。其中，

---

① 参评"最受赞赏的中国公司"需满足《财富》（中文版）设定的最低标准，为保证模型的稳定性和估计结果的解释能力，本书按企业规模作为剔除标准。

获奖样本既用于事件研究法分析市场对上市公司获奖的反应，还用于 CSR 与企业声誉的相关性分析中；未获奖样本仅用于 CSR 与企业声誉的相关性分析。具体的样本分布情况见表 6-1。

6.2.3 企业声誉的影响分析框架的设计

大量研究成果表明，企业声誉受到各领域的重视，如财经媒体、研究学者和公司管理层。已有的研究成果多数是基于消费者的忠诚度、产品结构等视角，探讨企业声誉与 CSR 的关联性，但少有文献研究企业外部的利益相关群体对企业运营活动产生的企业声誉的响应，即资本市场对企业声誉的反应可以充分体现投资者对经济外部性的评价。

因此，本章将 CSR 的研究视角拓展至企业声誉，首先采用事件研究法分析企业声誉的市场反应，依据累积异常收益率（CAR）判定获奖上市公司的外部相关利益群体对包含运营成果的企业声誉的总体评价，然后构建 Logit、Logistic 模型实证分析总体样本的 CSR 对企业声誉的影响，具体研究思路由以下内容构成：

6.2.3.1 企业声誉的市场反应——经济外部性反馈

资本市场可直观地反映经济活动产生的外部性，特别是对特定经济事件的反应，更能体现该事件对相关利益群体的影响。本章选取《财富》（中文版）在 2009～2015 年期间评选出的"最受赞赏的中国公司"获奖企业，剔除境外上市公司和非上市公司，运用事件研究法，分析资本市场对获奖企业的反应，即获奖事件产生的 CAR。若资本市场对上市公司获取有关企业声誉的奖项产生相应的反应，则表明是否获奖可影响上市公司股价，进而影响投资者决策。

本书运用事件研究法分析获奖事件 CAR 时，按以下路径完成：

1）以《财富》（中文版）公布"最受赞赏的中国公司"获奖名单为事件发生日（$t=0$），在此基础上选取研究获奖事件的事件窗口 (t_1, t_2) 分别为：$(-5, 5)$，$(-5, 10)$，$(-1, 1)$，0。

2）采用市场模型以 $CAPM$ 为基础，估计获奖上市公司在事件窗口下的日预期收益率（ER），并选取研究获奖事件的估计窗口为（-90，30）。

3）依据事件窗口的日收益率 R 和②估计的 ER，运用（$R-ER$）估计事件样本的日异常收益率（AR）。

4）计算事件窗口下样本公司的日平均异常收益率（AAR），即所有样本公司 AR 的算术平均值。

5）计算 CAR，即对样本公司在各事件窗口下的 AAR 求和，是获奖事件对所有样本公司在事件窗口下的总体影响。

6）对 CAR 进行显著性检验。

6.2.3.2　企业声誉的影响分析

CSR、财务绩效分别代表着两种不同的企业运营理念，即企业运营的终极目标，CSR 是以履行社会责任，追求利润的同时满足相关利益群体的需求为最终目标；财务绩效则是专注于提升企业自身盈余和规模发展，忽略企业经营的外部性，从而忽略相关利益群体的诉求。

企业声誉是外部评价结果，即关注企业的利益相关群体对企业发生的经济行为及其后果的评价。在企业声誉的评价体系中，CSR、财务绩效都占据重要地位，对声誉的影响程度仅有少量文献涉及（李艳华，2006；周延风，等，2007；蔡月祥，等，2015），但研究结论并不全面。因此，本书按照表 6-1 的样本分布情况，在剔除企业规模 $[LN（ASSET)_{t-1}] < 22.5$ 的非获奖样本的基础上，采用 $Logit$、$Logistic$ 的非线性回归模型①逐步引入 CSR、财务绩效（ROA）分析对企业声誉的影响程度，并构建以下研究模型（变量的具体定义和公式见表 6-2）：

---

① 根据表 6-2 的变量定义，企业声誉为二值分类变量，需采用 $Logit$、$Logistic$ 模型进行相关性分析。

$$REP_{i,t} = \alpha_{10} + \alpha_{11} \times Controls + \varepsilon_{1t} \qquad (6.1)$$

$$REP_{i,t} = \alpha_{20} + \alpha_{21} \times CSR_{i,t} + \alpha_{22} \times Controls + \varepsilon_{2t} \qquad (6.2)$$

$$REP_{i,t} = \alpha_{30} + \alpha_{31} \times CSR_{i,t} + \alpha_{32} \times ROA_{i,t} + \alpha_{33} \times Controls + \varepsilon_{3t}$$
$$(6.3)$$

6.2.4 定义变量

表 6-2 研究模型的变量描述

变量名称	变量代码	变量定义
企业声誉	REP	$\begin{cases}1, & \text{荣获《财富》中文版评选出的"最受赞赏的中国公司"称号的上市公司} \\ 0, & \text{否则}\end{cases}$
社会责任	CSR	提取自和讯网上市公司社会责任报告专业评测体系，由股东责任，员工责任，供应商、客户和消费者权益责任，环境责任，社会责任五项构成，具体内容见图 2-2。$\begin{cases}1, & \text{发生内部资产交易} \\ 0, & \text{未发生内部资产交易}\end{cases}$
经营绩效	ROA	总资产报酬率 = （当期利润总额＋当期财务费用）÷平均总资产 $\begin{cases}1, & \text{发生内部资产交易} \\ 0, & \text{未发生内部资产交易}\end{cases}$
经营杠杆	DOL	=息税前利润变动率÷产销业务量变动率
资产负债率	ALR	=当期负债期末值÷当期资产期末值
账值市值比	B/M	=当期股东权益期末值÷资产负债表日的公司市值
每股综合收益	CES	=当期综合收益总额÷实收资本当期期末值
每股企业自由现金流	FCFS	=（当期现金及其等价物净增加额-当期筹资活动净现金流）÷股本当期期末值

变量名称	变量代码	变量定义
营业收入现金含量	$CIOI$	＝当期主营业务收到的现金 * ÷当期营业收入
资本密集度	$CAIN$	＝当期总资产期末值÷当期营业收入
负债权益市价比	DER	＝当期负债期末值÷资产负债表日的公司市值

注：* 本章未剔除金融、保险行业，此处依据不同行业，替换为现金流量表中相应的数据。

表 6-2 列示了本章研究模型涉及的各变量的具体界定、计算方法。在分析社会责任 CSR 、经营绩效 ROA 对企业声誉 REP 的影响时，充分考虑模型的稳定性和研究结论的解释力，选取若干控制变量确保研究期间的样本保持相对的稳定性。

6.3　实证结果及分析

6.3.1　描述性统计

本章研究变量总样本、按 REP 划分子样本的描述性统计结果列示在表 6-3 中。

企业声誉 REP 均值仅有 0.0644，而标准差达到 0.2455，表明被《财富》（中文版）评选为"最受赞赏的中国公司"的上市公司在资本市场中属于"凤毛麟角"的榜样公司，应是投资者决策分析中的"绩优蓝筹股"。

表 6-3 各研究模型相关变量的描述性统计

变量		观测值	均值	标准差	最小值	最大值
REP		4254	0.0644	0.2455	0	1
CSR	总样本	4254	38.8335	22.3675	-12.96	90.83
	未获奖子样本	3980	38.2124	22.1648	-12.96	90.83
	获奖子样本	274	47.8552	23.3742	0.34	90.32
ROA	总样本	4254	0.0528	0.0494	-0.4149	0.8116
	未获奖子样本	3980	0.0515	0.0482	-0.4149	0.8116
	获奖子样本	274	0.0714	0.0606	-0.1146	0.3401
DOL	总样本	4254	1.3151	0.6092	-14.7694	38.4222
	未获奖子样本	3980	1.3905	0.8072	-12.9337	38.4222
	获奖子样本	274	0.2207	0.4147	-14.7694	7.8606
ALR	总样本	4254	0.59970	0.1775	0.0075	1.0444
	未获奖子样本	3980	0.6016	0.1761	0.0075	1.0444
	获奖子样本	274	0.5720	0.1959	0.1141	0.9551
B/M	总样本	4254	0.7148	0.1338	0.0684	1.7472
	未获奖子样本	3980	0.7185	0.1240	0.0684	1.7472
	获奖子样本	274	0.6607	0.1520	0.1195	1.3029
CES	总样本	4254	0.5880	0.2510	-5.5149	15.3778
	未获奖子样本	3980	0.5424	0.4070	-5.5149	11.5343
	获奖子样本	274	1.2504	0.1319	-0.5367	15.3778
FCFS	总样本	4254	-0.2609	0.6175	-7.6312	11.4856
	未获奖子样本	3980	-0.3078	0.8903	-7.6312	11.4856
	获奖子样本	274	0.4200	0.1683	-7.4545	11.2364

变量		观测值	均值	标准差	最小值	最大值
CIOI	总样本	4254	0.9698	0.3543	0.2397	9.2194
	未获奖子样本	3980	0.9742	0.3527	0.2397	9.2194
	获奖子样本	274	0.9054	0.3723	0.4372	1.7713
CAIN	总样本	4254	4.2544	2.0147	0.1074	23.4996
	未获奖子样本	3980	4.2486	15.3820	0.1074	23.4996
	获奖子样本	274	4.3387	7.9700	0.3028	22.4489
DER	总样本	4254	1.3746	2.0748	0.0019	12.7885
	未获奖子样本	3980	1.3590	2.0391	0.0019	12.7885
	获奖子样本	274	1.4558	2.5406	0.0319	10.0220

　　总的来看，按 REP 划分的子样本中，获奖子样本反映的企业状况和经营成果均优于非获奖子样本，只有 $CIOI$ 、 DER 略逊于非获奖子样本，特别是 CSR 、 ROA 的子样本差异更为明显，可更清晰地探寻对 REP 的影响情况。

　　由于本章在样本筛选时剔除了企业规模 $[LN（ASSET)_{t-1}] <$ 22.5 的样本，总样本的社会责任 CSR 均值明显上升至 38.8335，表明企业规模的提升带动管理层增强经济外部性的认识，更有效地履行社会责任，满足相关利益群体的需求。但是，标准差高达 22.3675 再次提示样本个体间的 CSR 存在较大差异，相关上市公司管理层应系统调整运营模式，保证企业规模发展与 CSR 相匹配。同时，子样本的 CSR 均值可以证实企业声誉 REP 与 CSR 之间可能存在某种关联需进行统计分析证实。

　　总样本的经营绩效 ROA 仅为 0.0528，但最大值高达 0.8116，表明我国规模较大的上市公司的盈利能力较差，还需转变经营思路，放弃"利润最大化"的传统思想，考虑相关利益群体的诉求，寻求企业的平衡发展。类似于 CSR ，子样本的 ROA 均值差异表明 ROA 与企业声誉间的相关性仍需统计分析加以证实。

6.3.2 实证结果及分析

6.3.2.1 企业声誉 REP 的累积异常收益率（CAR）

运用 Stata 分别估计获奖样本公司在不同事件窗口下的累积异常收益率（CAR），并对各累积异常收益率（CAR）的均值进行显著性检验，检验结果分别参见表 6 - 4。

表 6 - 4　REP 累积异常收益率（CAR）的检验结果表

事件窗口	CAR	均值	T 值
（-5，10）	0.0241	0.0217	2.04
（-5，5）	0.0216	0.0193	2.72
（-1，1）	0.0088	0.0082	2.12
0*	0.0041	0.0035	2.06

注：累积异常收益率（CAR）均在 1% 水平上显著，且均为双尾检验。

* 为发布合并公告当天，即公告日。

表6-5 主要研究变量的相关系数表

变量	REP	CSR	ROA	DOL	ALR	B/M	CES	FCFS	CIOI	CAIN	DER
REP	1.0000										
CSR	0.1058	1.0000									
ROA	0.0991	0.2694	1.0000								
DOL	-0.0435	-0.0103	0.0153	1.0000							
ALR	-0.0409	-0.0943	-0.4546	-0.0089	1.0000						
B/M	-0.0607	0.0202	-0.4356	0.0085	0.4242	1.0000					
CES	0.1828	0.2429	0.6378	0.0052	-0.1769	-0.1852	1.0000				
FCFS	0.0932	0.0364	0.1805	0.0127	-0.1391	-0.1287	0.1809	1.0000			
CIOI	-0.0477	-0.0801	0.0937	0.0037	-0.1249	-0.0707	-0.0278	0.0587	1.0000		
CAIN	0.0015	0.0584	-0.0256	-0.0037	0.1318	0.0597	0.0821	-0.0117	-0.1625	1.0000	
DER	0.0103	0.1104	-0.2859	-0.0042	0.5624	0.4931	-0.0065	-0.0845	-0.3230	0.2652	1.0000

研究发现，在各个事件窗口下，资本市场均对获得《财富》（中文版）评选出的"最受赞赏的中国公司"奖项的上市公司产生积极的响应，表明投资者对优质声誉的上市公司具有强烈的投资偏好，研究结果充分支持 H1。

获奖样本公司在事件窗口(-5，10)下 CAR 最高，达到 2.41%，但随着事件窗口的缩小，CAR 逐渐降低，直至公告日当天($t=0$)的 CAR 达到最低点 0.41%，说明资本市场对获奖事件的反应波动比较剧烈，距离公告日越远，CAR 则越高；距离公告日越近，CAR 反而越低。研究结果充分证实资本市场对企业声誉的反应，体现了企业外部利益相关群体对上市公司经济活动外部性的评价。

6.3.2.2 相关性分析

$Logit$、$Logistic$ 回归分析之前，首要任务是运用 Pearson 相关系数判断主要变量之间可能存在的相关关系，本章研究变量的相关系数矩阵见表 6-5。结果显示，研究变量之间均存在一定的相关性，但有的相关系数较小且不显著，但在模型中是否具有显著相关性，还需运用回归模型加以验证。

6.3.2.3 企业声誉 REP 的 $Logit$、$Logistic$ 回归分析

表 6-6 分别列示了模型 (6.1) ～ (6.3) 的 $Logit$、$Logistic$ 回归的估计结果，所有模型的 $Logit$ 分析均经过 5 次迭代，而且各模型的估计结果均具有较强的解释力。

1) 模型 (6.1) 是未引入社会责任 CSR、经营绩效 ROA 时，在控制变量确保模型稳定前提下的企业声誉 REP 回归模型。研究结果显示，社会声誉 REP 的初始值为 $cons=0.4683$，即若其他情况不变，上市公司声誉水平较低，结合资本市场对上市公司获奖事件的积极反应来看，管理层应充分重视企业声誉 REP 对 CAR 的影响，积极打造良好的社会形象，吸引更多的投资者，维持稳定的发展态势。

表 6-6 实证研究的估计结果*

研究变量及统计量	模型 (6.1) - REP Logit 分析** Coef (z值)	OR (z值)	P 值	模型 (6.2) - REP Logit 分析** Coef (z值)	OR (z值)	P 值	模型 (6.3) - REP Logit 分析** Coef (z值)	OR (z值)	P 值
cons	0.4683 (4.19)		0.000	0.7553 (5.27)		0.000	0.6964 (3.91)		0.000
CSR				0.0096 (3.40)	1.0150 (3.41)	0.001	0.0132 (4.42)	1.0159 (4.43)	0.000
ROA							-5.7364 (-3.32)	0.0903 (-3.34)	0.001
DOL	-0.0132 (-4.12)	0.9875 (-4.11)	0.000	-0.0134 (-4.31)	0.9877 (-4.32)	0.000	-0.0124 (-3.98)	0.9880 (-3.99)	0.000
ALR	-1.3487 (-3.92)	0.6227 (-3.92)	0.000	-1.4486 (-4.28)	0.8325 (-4.26)	0.000	-1.5127 (-4.36)	0.6904 (-4.32)	0.000
B/M	-1.0456 (-3.58)	0.5285 (-3.56)	0.000	-1.1855 (-4.02)	0.5181 (-4.03)	0.000	-1.4619 (-4.76)	0.4351 (-4.77)	0.000

续表

研究变量及统计量	模型 (6.1) - REP			模型 (6.2) - REP			模型 (6.3) - REP		
	Logit 分析** Coef (z 值)	Logistic 分析 OR (z 值)	P 值	Logit 分析** Coef (z 值)	Logistic 分析 OR (z 值)	P 值	Logit 分析** Coef (z 值)	Logistic 分析 OR (z 值)	P 值
CES	0.3639 (6.12)	1.5222 (6.11)	0.000	0.3104 (5.34)	1.4520 (5.31)	0.000	0.4462 (6.10)	1.5257 (6.12)	0.000
FCFS	0.1069 (3.79)	1.1075 (3.78)	0.000	0.1092 (3.82)	1.1046 (3.84)	0.000	0.1102 (4.01)	1.1057 (4.01)	0.000
CIOI	-1.4963 (-8.89)	0.4328 (-8.89)	0.000	-1.6923 (-9.67)	0.4587 (-9.65)	0.000	-1.3528 (-6.75)	0.4805 (-6.75)	0.000
CAIN	-0.0522 (-3.18)	0.9735 (-3.16)	0.001	-0.0666 (-3.64)	0.9735 (-3.62)	0.000	-0.0605 (-3.36)	0.9731 (-3.37)	0.000
DER	0.1309 (3.20)	1.0743 (3.21)	0.001	0.1446 (3.51)	1.0464 (3.53)	0.000	0.1266 (3.04)	1.0478 (3.02)	0.002
Wald chi2	1625.25			1562.79			1594.05		
Prob > chi2	0.000			0.000			0.000		

注：（*）所有研究的置信水平为99%。（**）该模型经过5次迭代。

2）模型（6.2）是在模型（6.1）的基础上，引入社会责任 CSR 的企业声誉 REP 回归模型。研究结果表明，社会责任 CSR 显著影响企业声誉 REP，边际贡献达到 0.0096，同时 CSR 还是提升企业声誉 REP 的有利因子，OR[①] 值为 1.0150，增强了相关利益群体对企业声誉 REP 的认同度（cons 升至 0.7553），说明在上市公司管理层维护并提升企业声誉的规划中，积极履行社会责任 CSR 可起到有效的声誉促进作用，研究结果充分支持 H2。

3）模型（6.3）是在模型（6.2）的基础上，继续引入经营绩效 ROA 的企业声誉 REP 回归模型。研究结果表明，社会责任 CSR、经营绩效 ROA 均显著影响企业声誉 REP，但两者的影响方向相反：社会责任 CSR 显著地提升企业声誉 REP 水平，虽然边际贡献 0.0132 较微弱，但仍是影响企业声誉 REP 的有利因素（OR 达到 1.0159）；经营绩效 ROA 明显降低企业声誉 REP 水平，边际效用高达 -5.7364，成为影响企业声誉 REP 的最不利因素（OR 达到 0.0903，远远偏离 1），大幅降低企业声誉 REP，研究结果充分支持 H3。

模型（6.3）的结果可能是由以下原因导致的：一是企业声誉是相关利益群体对企业各领域的外部评价，企业声誉评判体系对其评价结果赋予较高的权数，而对于其他指标赋予较低的权数；二是公司经营绩效 ROA 越高，则越有可能被相关利益群体当作过度追求利润而不认真履行社会责任的情况，从而拉低企业声誉 REP。

模型（6.1）～（6.3）的控制变量 Controls 有效地控制各研究模

---

① OR 是模型中自变量影响因变量的成败比。在本章的研究模型中，若 OR=1，表明成功概率＝失败概率，该自变量对因变量的影响没有促进（阻碍）作用；若 OR<1，表明成功概率＜失败概率，该自变量是因变量的不利因子，阻碍因变量的发展；若 OR>1，表明成功概率＞失败概率，该自变量是因变量的有利因子，促进因变量的发展。若 OR 值偏离 1 越远，则促进（或阻碍）作用越明显。

型的稳定性，保证了研究结论具有一般性。其中，只有 *CES*、*FCFS*、*DER* 是控制变量中的积极因素，其他控制变量均是消极因素。

6.4 本章结论

本章将 *CSR* 拓展至企业声誉领域，共完成了两个相互关联的研究。首先，选取 2009～2015 年期间沪深 A 股正常交易并且被《财富》（中文版）评选为"最受赞赏的中国公司"奖项的上市公司进行 *CAR* 的事件研究，探寻资本市场获奖事件的反应；然后，再选取研究期间企业规模 $[LN（ASSET)_{t-1}] \geqslant 22.5$ 的 3 980 个非获奖样本，采用 *Logit*、*Logistic* 回归模型，与获奖样本合并分析社会责任 *CSR*、经营绩效 *ROA* 对企业声誉 *REP* 的影响。两项研究得到以下研究结论：

6.4.1 样本统计的研究结论

6.4.1.1 我国境内上市公司不重视企业声誉

本书在选取研究样本时，非获奖子样子已剔除企业规模 $[LN（ASSET)_{t-1}] < 22.5$ 的上市公司，但是研究期间获奖 *REP* 仍然非常低，总体样本中获取"最受赞赏的中国公司"奖项的上市公司仅占 6.44%，是众多上市公司中的极少数部分。然而，近年来获得"最受赞赏的中国公司"奖项的境外上市公司逐渐增多，甚至还有少数非上市公司开始出现在榜单中，由此可见我国境外上市公司极其重视企业声誉的维护和提升，积极获取未来发展的战略资源。

6.4.1.2 企业规模推动上市公司积极履行社会责任

剔除企业规模 $[LN（ASSET)_{t-1}] < 22.5$ 后的研究样本 *CSR* 明显高于第 4 章、第 5 章的 *CSR*，表明随着企业规模的不断发展壮大，上市公司明显注重承担社会责任，沟通相关利益群体，治理外部不经

济，改善所在区域的社区福利，推动当地经济的和谐发展。

6.4.1.3 上市公司的盈利能力较弱

本章总体样本的 ROA 均值仅有 0.0528，而未获奖子样本的 ROA 均值更低（0.0515），表面上看是上市公司的规模水平与盈利能力不匹配，企业在规模扩张的过程中盈利水平并未保持同比例的提升，但造成这种结果更深层次的原因可能是企业资源配置、生产流程、各种税费控制、创新机制、产品链维护等多方面原因造成的。因此，上市公司不能一味地追求规模扩张而忽略了维持和提升盈利能力。

6.4.2 资本市场对企业获奖产生积极反应

本章运用事件研究法分析了 2009～2015 年间获奖上市公司在不同事件窗口下的股价波动情况（CAR），发现投资者对获奖事件产生强烈的积极反应，企业声誉可激发投资者强烈的投资偏好，而且距离事件公告日越远，股价波动越剧烈，而随着事件窗口收窄，股份波动幅度越不明显。结合企业声誉 REP 的描述性统计结果来看，上市公司积极提升企业声誉可以抬升股价，增加企业价值，吸引潜在投资者。

6.4.3 CSR 是显著提升企业声誉的积极因子

CSR 综合体现上市公司对相关利益群体需求的满足程度，减少经济活动产生的外部不经济，上市公司积极履行社会责任有助于提升企业声誉 REP，即 CSR 是提升企业声誉 REP 的有效手段之一。但是，我国境内上市公司的 CSR 水平较低、REP 比重偏低的"双低"现状，造成企业发展不稳定、外部不经济事件频发、"利润至上"的过度盈余管理等现象，可能也是股价长期低迷的原因之一。

6.4.4 ROA 是显著拉低企业声誉的消极因子

ROA 是"利润最大化"企业运营目标的有效指标，虽然属于相对静态的财务指标，但仍可充分体现上市公司的盈利能力，是《财富》（中文版）评选"最受赞赏的中国公司"的考核项目之一。通常情况下，ROA 越高，表明企业的盈利能力越强，在企业声誉的评价体系内应获得更高分数。但是，本章的研究表明 ROA 并不是企业声誉 REP 的积极因子，反而是大幅度拉低 REP 的消极因子，不利于企业声誉的维护和提升。本书认为，造成这种结果的原因可能是 ROA 属于"利润最大化"运营目标体系的典型盈利能力指标，ROA 越高，可能用于履行 CSR 的支出相对越少，相关利益群体的需求无法得到满足，经济活动的外部不经济没有得到有效的缓解，反而使 ROA 成为影响企业声誉的负面因子，最终造成股价的不利波动。因此，上市公司管理层还需针对 CSR 构建更为全面的"社会价值最大化"运营目标，全面维护企业声誉水平。

7　员工忠诚度与 CSR 的耦合机制分析

　　员工是企业的重要的构成要素，特别是在企业规模发展过程中，尤其需要忠诚的员工长期坚守在关键岗位上，其对企业的忠诚度高低直接影响企业竞争优势的强弱。$Becker$(1960)、$Mayer \& Allen$(1991)界定员工忠诚为组织成员单方面地将一切有价值的要素投入组织而产生维持"活动一致性"的倾向，体现员工和组织之间关系的某种心理状态，实质上隐含了员工是否继续留在该组织的决定。企业员工的薪酬结构、各种福利待遇、教育培训情况以及职位晋升情况，都在很大程度上影响员工对企业的忠诚度，从而影响企业发展的稳定性和可持续性，也影响当地经济的发展水平，成为企业在 $CSRR$ 中重点披露的内容之一，是企业改善当地社会福利应重点关注的内容，而员工忠诚度仍可反转过来影响企业的未来发展策略，影响当地经济发展的稳定性。

　　目前，已经有众多企业出台各种薪资激励等措施来提升员工对企业的忠诚度，维护本企业利益，激发员工的工作热情，降低道德风险，这属于企业给予社会福利的变化对该企业后续发展的影响。同时，这些薪酬计划向资本市场传递有利信号，降低逆向选择，提升企业价值，减缓信息不对称造成的负面影响。本书运用会计的相关专业理论，结合上市公司财务报告披露的员工薪酬福利、员工流动等信息，构建多元回归模型，分析构成员工忠诚度的影响因子及其对 CSR 的影响情况。

7.1 文献综述与研究假设

随着契约论体系的不断完善，许多学者逐渐将其广泛应用于企业与员工相互关系的研究中，大致可归类为显性契约、隐性契约。显性契约是员工与企业签订的明文约定，如薪酬水平、福利待遇；隐性契约可看作是心理契约，用于说明员工与企业之间内隐的交互关系，即在企业的任何时点，每个成员和不同的管理者及其他人之间，都存在一整套没有明文规定的期望（Argyris，1960；Levinson，1962；Schein，1965)， 如晋升空间、培训机会。

Becker（1960）首次提出员工忠诚的概念，界定为员工向所在组织不断增加精力、专业技术等投入的过程中而保持继续留在该组织的一种心理现象。自此，心理契约即成为员工忠诚研究的理论基础。Meyer & Allen（1991）在三因素模型（情感忠诚、继续忠诚、规范忠诚）中把组织认同界定为员工和组织之间关系的心理状态，其中隐含员工是否继续留在该组织的选择。

Heskett et al.（1997）分析员工忠诚度与企业利润关系时，提出"服务利润链"（The Service Profit Chain）的理念，认为员工满意度、员工忠诚度、员工能力、顾客满意度、顾客忠诚度、顾客获得的产品和服务的价值、劳动生产率、利润增长之间存在直接的联系，而且以员工忠诚度为影响公司发展和未来收益的最关键因素之一。

在贝恩公司的"基于忠诚的增长周期"模型的思路下，Reichheld（2001）针对员工忠诚度，认为忠诚是衡量关系的最可靠标准，员工忠诚度可以为企业带来经济效益，编制"忠诚严格检测调查表"，最后得出"没有忠诚的员工，就不可能有忠诚的顾客"的研究结论。员工对企业的忠诚本质上是个人将有所奉献与企业预期有所获取之间的一种心理期望，以及企业将针对个人期望收获而提供配合措施，该配合措施实质上是以承诺和感知为基础，员工和企业之间形成彼此责任和义务的各种信念，隐藏着企业与员工之间双向的主观期望（张晓旭，2012）。

James & Cropanzano（1994）定义员工忠诚度为某人对其所属社会团体的目标、象征、宗旨等方面的坚信不疑的品质。孙健（2003）详细阐述了如何保持并逐步提高员工对企业的忠诚度，激发工作热情，积极培育对顾客的忠诚，提出员工与企业之间的双向忠诚的耦合机制。欧阳润平（2003）界定员工忠诚度是以全体或绝大多数员工对公司管理和前景的充分信任为基础所反映出来的内部凝聚力。李志，向征，刘敢新（2005）认为员工忠诚度是企业的发展效率、竞争力的重要基础，运用主成分分析法，构建出培养员工忠诚度的八因素模型，性别差异、国企身份成为影响员工忠诚度的重要因素。张延君，张再生（2010）以科研员工为研究对象，构建科研员工忠诚度与薪酬满意度的二维模型，得到全面的薪酬满意度对员工的态度忠诚度、行为忠诚度都有显著正向影响的研究结论。赵熙（2014）认为员工与企业的双向忠诚是超出企业与员工之间互利对等关系以及企业与员工的经济契约的更高水平的心理契约，对企业的生存与发展尤为重要。

综上可以看出，员工忠诚度的研究基本上停留在企业管理、组织行为、人力资源管理等领域，多角度、多维度地探讨员工忠诚度的构成层次及要素，较为笼统地分析员工忠诚度对企业未来发展潜力、盈利水平的影响，鲜少有研究将员工忠诚度与企业社会责任、财务报告等信息相结合，从会计视角上分析员工忠诚度与企业社会责任之间的关联性。

本书认为，无论员工忠诚度的测度方法如何设定，考察员工忠诚度的最直观方法是企业员工的流动情况，即企业员工的雇佣情况虽然受到国家宏观环境的影响，但在微观层面上，员工人数的变化即可表现出员工对企业的忠诚程度。从会计的角度来看，企业存在的目标持续经营并盈利，员工则是企业实现目标的必要构成要素，若不考虑终止经营或重大重整的企业，无论员工出于何种原因离开持续经营的企业，导致企业员工人数同比减少，都可视为员工忠诚度下降。同理，企业员工人数同比增长，可看作员工忠诚度上升。

依据现有的员工忠诚度研究成果，工资福利制度、企业的发展潜力、培训机会、晋升空间、领导的个人魅力等因素都属于影响员工忠诚度的重要因子，本书结合上市公司年度财务报告披露的各项可量化的信息，分析员工忠诚度的偏好因子。据此，本书提出以下研究假设：

H11：员工忠诚度（ $EMLOY$ ）受到股票激励计划（ $SBIC$ ）的显著积极影响；

H12：职工教育培训机会（ ETD ）是员工忠诚度（ $EMLOY$ ）的重要构成要素，但职工福利待遇水平（ LEW ）并未影响员工忠诚度（ $EMLOY$ ）；

H13：员工忠诚度（ $EMLOY$ ）与上市公司的资产重组交易（ $ASRE$ ）无统计学意义，但受到企业所在行业（ $INCODE$ ）的强烈正向影响；

H14：企业规模（ $SIZE$ ）、利润变化率（ $TPCR$ ）、股权集中度（ Z ）均属于员工忠诚度（ $EMLOY$ ）的重要偏好因子；

和讯网公开的 CSR 测评体系及其对上市公司的 CSR 得分是本书企业社会责任（ CSR ）研究中采用的研究数据， CSR 测评体系中包含企业对员工应承担的社会责任（15%，见图 2 - 2），主要区分为绩效责任5%、安全责任5%、关爱员工责任5%。

前述的分析可以发现，员工忠诚度是员工对企业的态度，且表现形式多样化，对企业生存与发展具有重要影响。本书为简化研究，采用员工人数同比变化率作为员工忠诚度的替代变量进行统一描述，反映员工对企业的忠诚度。

因此，企业社会责任（ CSR ）与员工忠诚度之间属于双向耦合关系，赵熙（2014）构建基于心理契约的员工—企业双向忠诚动态耦合模型，在企业对员工忠诚的前提下，实现企业—员工之间的双向忠诚，提高经营绩效，提升企业在市场中的竞争力。

本书认为，企业与员工之间的双向忠诚的耦合关系即是企业对员工的社会责任、员工对企业的忠诚，可以在员工忠诚度偏好因子的研究结论前提下，进一步探讨企业履行的社会责任得分（包含企业对员工忠诚程度）与员工对企业的忠诚程度之间的关系，即企业—员工之间的双向忠诚耦合度。

同样，基于会计的视角，员工人数的变化（员工忠诚度）可能会受到非心理契约的影响，如企业的经营状况、财务状况、发展状况、盈利状况等因素，本书同时进行员工忠诚度与某财务指标的交互作用对企业社会责任的影响分析。

据此，本书提出以下研究假设：

H21：员工忠诚度（$EMLOY$）极其显著地正向影响企业社会责任（CSR）；

H22：企业社会责任（CSR）对上市公司的经营状况（营运指数，WCR），财务状况（资产负债率，ALR），发展状况（资本积累率，CAR），盈利状况（净资产收益率，ROE）具有显著的响应；

H23：企业规模（$SIZE$）、企业所在行业（$INCODE$）、股权集中度（Z）在企业社会责任（CSR）的构成框架中扮演重要的角色；

H24：企业社会责任（CSR）受到市场风险（风险因子，β）波动的显著影响。

H31：员工忠诚度（$EMLOY$）与经营状况（WCR）对企业社会责任（CSR）产生显著的交互影响；

H32：企业社会责任（CSR）不受员工忠诚度（$EMLOY$）与财务状况（ALR）的交互作用的影响；

H33：员工忠诚度（ $EMLOY$ ）与发展状况（ CAR ）对企业社会责任（ CSR ）产生显著的交互影响；

H34：企业社会责任（ CSR ）不受员工忠诚度（ $EMLOY$ ）与盈利状况（ ROE ）的交互作用的影响。

7.2 研究设计

7.2.1 数据来源与处理工具

7.2.1.1 数据来源

本书在借鉴王清刚与徐欣宇（2016），黄珺与郭志娇（2015）研究的基础上，继续沿用第 4 章的 CSR 选取方法，采用和讯网对外公布的 CSR 得分。有关研究样本的数据均属于合并报表公布的相关信息，涉及的数据主要来源于以下数据库：

1） CSR 数据选自和讯网上市公司社会责任报告专业评测体系对外公布的 2009 年 12 月 31 日～2015 年 12 月 31 日期间研究样本的综合评级得分。

2）员工忠诚度（ $EMLOY$ ）的员工人数收集自和讯网对外公布的各样本公司披露的年度财务报告。

3）研究模型涉及的财务数据选自 CSMAR 数据库中 2009 年 1 月 1 日～2015 年 12 月 31 日期间的公司研究财务报表子库、财务报表附注子库、财务指标分析子库、资产重组子库。

4）研究模型涉及的 $CAPM$ 的上市公司股票相关数据选自 CSMAR 数据库中 2010 年 1 月 1 日～2015 年 12 月 31 日期间的股票市场衍生指标子库。

5）研究模型涉及的股东持股比例及其相关数据选自 RESSET 数据库中 2010 年 1 月 1 日～2015 年 12 月 31 日期间的股权信息子库。

7.2.1.2　数据处理工具

对原始数据进行筛选、加工、制图并实现相关检验分析所运用的主要统计分析工具有 *Excel*、*Stata*、*SPSS* 和 *Eviews*。

7.2.2　样本选择

本书选取 2009～2015 年期间沪深两市的主板 A 股上市公司作为初选样本，并按如下程序进行了样本筛选：

1）剔除筛选期间对外披露信息不完整的样本。

2）剔除筛选期间 *IPO* 的样本。

3）剔除中国证监会 2012 年修订的《上市公司行业分类指引》中规范的金融行业样本。

4）剔除筛选期间 *ST*、*PT*、退市等样本。

5）若该样本在年度资产负债表日没有交易，则取当年度或以前年度最后一日的交易数据。

最终得到 2010～2015 年①期间的 6 949 个有效研究样本，其中沪市 3 709 个样本、深市 3 240 个样本。

7.2.3　员工忠诚度与 CSR 的耦合机制分析框架的设计

大量研究成果表明，员工忠诚度受到各方面因素影响，企业员工流动趋势是体现员工对企业忠诚度的有效指标；同时，在 *CSR* 的复杂构成体系中，企业对员工的社会责任履行情况即为企业对员工的忠诚度。企业—员工之间的双向忠诚具有耦合性质，本书在上市公司披露的相关数据基础上，结合市场反应，共同构建员工忠诚度对 *CSR* 的静

---

①　根据研究模型的设计要求，需要计算 *i* 公司在期初（即 *t* − 1 期的期末值、期间值）的相关数据，故数据的筛选期间为 2009～2015 年，研究期间为 2010～2015 年。

态回归影响分析框架。

本章秉承第 4 章～第 6 章的研究思路，在引入风险系数 β 作为市场反应变量的前提下，构建如下两个分析框架：

7.2.3.1 员工忠诚度（EMLOY）偏好因子的分析框架

通常情况下，工资福利制度被视作影响员工忠诚度的首要因素，可决定员工流动方向。事实上，只要上市公司处于正常经营的状态下，员工的工资权益都得到很好的保障，基本上未出现拖欠工资的现象。但是，员工关注的其他福利待遇在上市公司中则表现不尽相同，可能最终影响到员工对企业的忠诚度。例如，有的上市公司不计提职工福利费；有的上市公司即使按规定计提职工福利费，也很少发生职工福利支出；有的上市公司极少关注职工的在职教育培训，可能导致员工专业技能落后，无法适应企业的技术更新换代，从而降低员工忠诚度。另外，有的上市公司实施薪酬激励计划，激发骨干员工的工作热情，从而提升员工忠诚度，吸引更多的技术人才。

与此同时，引起员工忠诚度（EMLOY）波动的指标是上市公司对外公告的重大资产重组事项。无论上市公司处于资产重组的主并方还是被并方，均无法准确预估企业的未来发展趋势，从而引起不稳定员工的离开并同时吸引新员工的加入。

因此，本书运用财务报表及其附注，选取职工教育培训机会（ETD）、职工福利待遇水平（LEW）、股票激励计划（SBIC）、资产重组（ASRE）等指标，结合控制变量构建模型（7.1），共同分析员工忠诚度（EMLOY）的偏好因子，即员工对企业忠诚程度的影响因子分析。

$$
\begin{aligned}
EMLOY_{i,t} = & \ \alpha_{11} \times SBIC_{i,t} + \alpha_{12} \times ETD_{i,t} + \alpha_{13} \times LEW_{i,t} + \alpha_{14} \\
& \times ASRE_{i,t} + \alpha_{15} \times TPCR_{i,t} + \alpha_{16} \times Z_{i,t} + \alpha_{17} \times SIZE_{i,t} \\
& + \alpha_{18} \times INCODE_{i,t} + \alpha_{19} \times Controls + \varepsilon_{i,t}
\end{aligned} \tag{7.1}
$$

7.2.3.2 CSR 与员工忠诚度（EMLOY）的耦合度分析框架

依据本书的前述分析可知，企业—员工之间存在双向忠诚的耦合关系，分别体现在企业社会责任（CSR）、员工忠诚度（$EMLOY$）中。模型（7.1）探讨的是员工对企业忠诚程度的影响因子，而结合企业运营各指标构建的模型（7.2）、模型（7.3）是分析员工忠诚度（$EMLOY$）及其与各运营指标的交互关系分别对 CSR 的影响，即企业—员工之间耦合度的实证分析。

由于员工忠诚度（$EMLOY$）的偏好因子较为复杂，且存在大量的无法量化的心理契约表达，为保证模型分析结果的稳定性，本书在模型（7.2）、模型（7.3）中采用模型（7.1）$EMLOY$ 的拟合值（$\widehat{EMLOY}$）进行企业—员工耦合度的分析。

$$
\begin{aligned}
CSR_{i,t} = {} & \alpha_{21} \times EMLOY_{i,t} + \alpha_{22} \times WCR_{i,t} + \alpha_{23} \times ALR_{i,t} + \alpha_{24} \\
& \times CAR_{i,t} + \alpha_{25} \times ROE_{i,t} + \alpha_{26} \times Z_{i,t} + \alpha_{27} \times SIZE_{i,t} + \alpha_{28} \\
& \times INCODE_{i,t} + \alpha_{29} \times Controls + \varepsilon_{i,t} \qquad (7.2)
\end{aligned}
$$

$$
\begin{aligned}
CSR_{i,t} = {} & \alpha_{31} \times EMLOY_{i,t} \times WCR_{i,t} + \alpha_{32} \times EMLOY_{i,t} \times ALR_{i,t} \\
& + \alpha_{33} \times EMLOY_{i,t} \times CAR_{i,t} + \alpha_{34} \times EMLOY_{i,t} \times ROE_{i,t} \\
& + \alpha_{35} \times Z_{i,t} + \alpha_{36} \times SIZE_{i,t} + \alpha_{37} \times INCODE_{i,t} + \alpha_{38} \\
& \times Controls + \varepsilon_{i,t} \qquad (7.3)
\end{aligned}
$$

7.2.4 定义变量

根据本书的研究目的，员工忠诚度研究所涉及各变量的具体界定、计算方法详见表 7-1。各变量的选取综合考虑了员工忠诚度（$EMLOY$）的有效表述，以及员工忠诚度（$EMLOY$）与运营指标交互关系对企业社会责任（CSR）的影响，以有效地分析企业—员工之间的耦合度。由于企业运营的影响因素较为复杂，本书依据研究需要分别从经营水平、财务水平、发展水平、盈利水平的角度设置为代表模型（7.2）、模型（7.3）运营指标的自变量，并在静态截面模型的基础上引入时间因子，更合理地控制模型的稳定性。

表 7-1　研究模型的变量描述*

变量名称	变量代码	变量定义
企业社会责任	CSR	提取自和讯网上市公司社会责任报告专业评测体系，由股东责任，员工责任，供应商、客户和消费者权益责任，环境责任，社会责任五项构成，具体内容见图 2-2。 　　因研究模型需要，本章 CSR 取报告值的自然对数，并剔除不符合对数函数定义域的报告值。
员工忠诚度	EMLOY	$LN \dfrac{\text{员工人数}_t}{\text{员工人数}_{t-1}}$
股票激励计划	SBIC	$\begin{cases} 1, & \text{实施股票激励计划的上市公司} \\ 0, & \text{否则} \end{cases}$
职工教育培训机会	ETD	$\dfrac{\text{职工教育经费}_t - \text{职工教育经费}_{t-1}}{\text{利润总额}_t}$
职工福利待遇水平	LEW	$\dfrac{\text{职工福利费}_t - \text{职工福利费}_{t-1}}{\text{利润总额}_t}$
资产重组	ASRE	$\begin{cases} 1, & \text{实施资产重组的上市公司} \\ 0, & \text{否则} \end{cases}$
利润变化率	TPCR	$LN \dfrac{\text{利润总额}_t}{\text{利润总额}_{t-1}}$
股权集中度	Z	$\dfrac{\text{第一大股东持股比例}}{\text{第二大股东持股比例}}$

变量名称	变量代码	变量定义
行业代码	*INCODE*	根据中国证监会 2012 年修订的《上市公司行业分类指引》，剔除金融业，共计 18 项。 1. 农、林、牧、渔业 2. 采矿业 3. 制造业 4. 电力、热力、燃气及水生产和供应业 5. 建筑业 6. 批发和零售业 7. 交通运输、仓储和邮政业 8. 住宿和餐饮业 9. 信息传输、软件和信息技术服务 10. 房地产业 11. 租赁和商务服务业 12. 科学研究和技术服务 13. 水利、环境和公共设施管理业 14. 居民服务、修理和其他服务业 15. 教育 16. 卫生和社会工作 17. 文化、体育和娱乐业 18. 综合
经营水平	*WCR*	营运资金比率 $$= \frac{流动资产_t - 流动负债_t}{流动资产_t}$$
财务水平	*ALR*	资产负债率 $$= \frac{负债_t}{流动资产_t}$$
发展水平	*CAR*	资本积累率 $$= \frac{所有者权益_t - 所有者权益_{t-1}}{所有者权益_t}$$

变量名称		变量代码	变量定义
盈利水平		ROE	净资产收益率 $= \dfrac{净利润_t}{(所有者权益_t + 所有者权益_{t-1}) \div 2}$
企业规模		$SIZE$	期初总资产的自然对数，$LN(ASSET)$
员工忠诚度与经营水平的交互		$EMLOY \times WCR$	
员工忠诚度与财务水平的交互		$EMLOY \times ALR$	
员工忠诚度与发展水平的交互		$EMLOY \times CAR$	
员工忠诚度与盈利水平的交互		$EMLOY \times ROE$	
控制变量（*Controls*）	全部现金回收率	$TCRR$	$= \dfrac{经营活动净现金流_t}{总资产_t}$
	每股综合收益	CES	$= \dfrac{综合收益总额_t}{实收资本_t}$
	每股现金净流量	$NCFS$	$= \dfrac{现金净流量_t}{实收资本_t}$
	投资收益率	ROI	投资收益$_t$ ÷（长期股权投资$_t$ + 持有至到期投资$_t$ + 交易性金融资产$_t$ + 可供出售金融资产$_t$ + 衍生金融资产$_t$）
	经营杠杆	OGR	$\dfrac{流动负债-短期借款-\genfrac{}{}{0pt}{}{一年内到期}{非流动负债}-金融负债^{**}}{负债总额}$

变量名称	变量代码	变量定义
引入变量 风险因子	β	CAPM 模型的个股波动风险因子，根据研究样本流通市值加权的滞后一期期末值（β_{t-1}）。

注：* 变量定义中涉及的资产负债表项目均为期末时点值，利润表项目均为期间发生值。

** 金融负债＝交易性金融负债＋衍生金融负债。

7.3 实证结果及分析

7.3.1 描述性统计

本章涉及的各主要研究变量的描述性统计结果列示在表 7 - 2 中，得到以下结论：

7.3.1.1 我国境内上市公司之间的 CSR 差异明显，且研究期间各年度间的 CSR 均值也存在较大波动

由于模型的研究需要，本章对和讯网公布的 CSR 评分取自然对数 [$LN(CSR)$]。根据对数函数（$y = \log_a x$）的性质，自变量 x 的值越小，函数值 y 的变化越快；自变量 x 的值越大，函数值 y 的变化越慢。因此，综合对数函数的性质和 CSR 的描述性统计结果来看，CSR 的原始评分有的居高不下，有的表现平平。

表 7 - 2 研究变量描述性统计汇总表

变量	均值	标准差	最小值	最大值	样本量
CSR	3.153	0.820	－ 4.605	4.509	6 949
EMLOY	0.064	0.078	－ 1.606	2.769	6 949
SBIC	0.056	0.230	0	1	6 949

续表

变量	均值	标准差	最小值	最大值	样本量
ETD	0.038	0.258	-6.899	10.808	6 949
LEW	0.112	0.961	-36.773	48.579	6 949
ASRE	0.742	0.438	0	1	6 949
TPCR	0.479	0.822	-6.420	27.864	6 949
Z	0.358	0.153	0.003	0.900	6 949
WCR	5.415	3.029	-21.133	27.97	6 949
ALR	0.502	0.262	0.008	4.998	6 949
CAR	0.233	0.935	-15.258	27.288	6 949
ROE	0.079	0.428	-16.946	21.348	6 949
SIZE	22.141	1.352	16.702	27.703	6 949
控制变量（Controls）					
TCRR	0.042	0.104	-4.270	2.457	6 949
CES	0.395	0.644	-5.515	12.378	6 949
NCFS	0.136	0.855	-6.136	12.931	6 949
ROI	1.148	0.632	-1.566	17.342	6 949
OGR	2.613	0.976	-4.769	23.917	6 949
引入变量					
β	1.121	0.275	0	3.395	6 949

结合图 7-1 来看，CSR 均值在本章研究期间的各年度间也存在较大幅度的波动，特别是 CSR 均值经过 2010～2013 年的缓慢攀升至顶点（约 3.28）后，在 2014 年骤然下跌至 2.97，随后在 2015 年稍有回

升至 2.99。CSR 均值如此剧烈的波动表明，CSR 的各构成要素在研究期间极不稳定，即利益相关群体对 CSR 产生显著的扰动，警示上市公司应重点关注引起 CSR 评分急剧波动的构成因子，以确保企业运营发展的持续稳定。

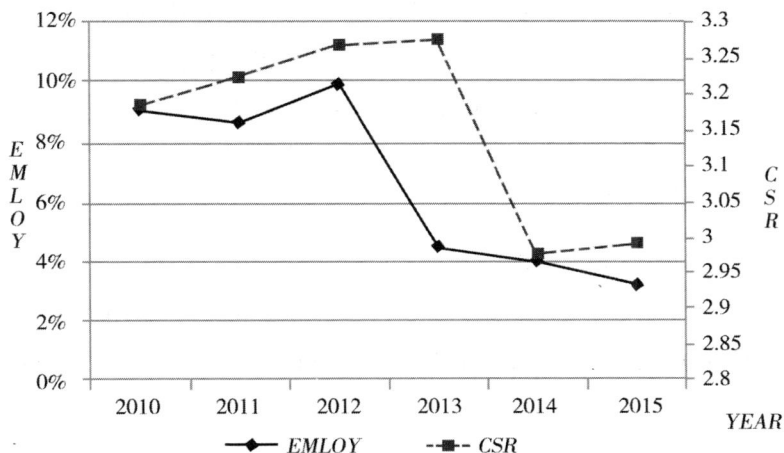

图 7-1   2010～2015 年员工忠诚度与 CSR 的变化趋势对比图

7.3.1.2   员工对上市公司的忠诚度（$EMLOY$）较低，员工获得的教育培训机会（ETD）更低

本章以员工人数同比变化率计量的 $EMLOY$ 均值仅为 6.4%，且最小值低至 -160.6%、最大值高达 276.9%，表明上市公司的员工流动极其频繁，且多以流出为主。虽然本书为确保研究重点而简化 $EMLOY$ 的度量，但员工人数同比变化率可更有效地体现员工对企业的忠诚程度，即无论体现员工忠诚度的心理契约如何复杂、难以估计，员工人数的变化体现员工是否对企业继续怀有忠诚心理的直接结果。再结合图 7-1 可以看出，$EMLOY$ 均值在 2012 年达到顶点 9.90%，但随后急剧并持续下滑至 2015 年的 3.18%，CSR 的波动比 $EMLOY$ 滞后一期，表明 $EMLOY$ 明显拉低 CSR_{t+1} 的评分。但是，管理层认真履行社会责任并推动 CSR 反弹回升时，若不积极改善员工流动的问题（即提升员工对企业的忠诚程度），$EMLOY$ 仍会拖累 CSR 的回升幅度。

通常情况下，员工频繁流动会增加培训成本，但 ETD 均值为 3.8%，即员工教育培训费用仅占利润总额的 3.8%，表明研究期间的上市公司并不重视员工的教育培训，进一步佐证 $EMLOY$ 较低的描述性统计结果，即管理层缺乏员工教育培训意识，造成员工对上市公司的忠诚度下降，从而导致员工人数波动剧烈。

7.3.2　实证结果及分析

7.3.2.1　相关性分析

回归分析之前，首要任务是运用 Pearson 相关系数判断主要变量之间可能存在的相关关系，本章的主要研究变量相关系数矩阵见表 7-3。

表 7 - 3　主要研究变量的相关系数表

变量	CSR	EMLOY	SBIC	ETD	LEW	ASRE	TPCR	Z	WCR	ALR	CAR	ROE	SIZE
CSR	1.000												
EMLOY	0.060	1.000											
SBIC	0.023	0.043	1.000										
ETD	0.020	0.027	-0.021	1.000									
LEW	0.027	0.019	-0.012	0.557	1.000								
ASRE	0.014	0.016	0.038	-0.006	0.006	1.000							
TPCR	0.003	0.134	-0.004	-0.003	-0.002	0.017	1.000						
Z	0.140	0.043	-0.038	0.019	0.003	-0.077	0.029	1.000					
WCR	0.017	-0.009	-0.004	-0.002	-0.001	0.008	-0.004	0.002	1.000				
ALR	-0.011	-0.012	-0.052	0.014	0.008	0.074	0.002	0.050	0.004	1.000			
CAR	0.015	0.172	0.032	-0.013	-0.006	0.023	0.203	0.004	-0.003	-0.053	1.000		
ROE	0.093	0.046	0.026	-0.011	-0.009	0.003	0.033	0.019	-0.004	-0.040	0.060	1.000	
SIZE	0.400	0.013	-0.013	0.021	0.019	0.043	-0.009	0.276	-0.010	0.298	-0.058	0.051	1.000

EMLOY 回归模型涉及的主要变量中，仅有 EMLOY 与 TPCR 之间存在相互显著的紧密关系，与其他变量之间的相互关系较弱，需通过回归模型验证 EMLOY 与各解释变量之间的相关程度。

CSR 与 EMLOY 回归模型涉及的主要变量中，CSR 仅与 Z 、SIZE 之间存在相互显著的紧密关系，也需通过回归模型验证 CSR 与各解释变量之间的相关程度。

7.3.2.2　多重共线性检验

为排除解释变量之间可能存在的相关关系，保证回归模型估计结果的准确性，本书对模型（7.1）～（7.3）涉及的主要解释变量进行多重共线性检验（VIF 检验结果见表 7-4）。

表 7-4　回归模型解释变量的多重共线性检验结果

模　型	Max VIF	Mean VIF	是否存在多重共线性
EMLOY 回归模型（7.1）	5.41	1.61	不存在
CSR 与 EMLOY 耦合回归模型（7.2）	1.46	1.13	不存在
CSR 与 EMLOY 交互耦合回归模型（7.3）	1.18	1.08	不存在

VIF 检验结果显示，虽然各模型主要解释变量之间的 Mean VIF 都 >1，但 Max VIF 都 <10，则研究模型的解释变量之间不存在多重共线性，满足回归模型的变量要求。

7.3.2.3　内生性检验

若模型设计时存在遗漏的变量，或解释变量与被解释之间互为因果关系，则会导致解释变量与随机扰动项之间存在相关性，需验证研究变量的内生性，检测结果见表 7-5。

表 7 - 5　回归模型的内生性检验结果

模　型	F	Prob ＞ F	是否存在内生性
EMLOY 回归模型（7.1）	1.97	0.3228	不存在
CSR 与 *EMLOY* 耦合回归模型（7.2）	1.52	0.3597	不存在
CSR 与 *EMLOY* 交互耦合回归模型（7.3）	1.08	0.3752	不存在

内生性检验的 H_0：模型没有遗漏变量，即模型设计的主要研究变量可以很好地完成研究预设的目标。根据表 7 - 5 列示的检测结果显示，均无法拒绝 H_0，即各研究模型都没有遗漏的变量，不存在内生性。

7.3.2.4　异方差检验

虽然本书在样本筛选前已经剔除年度财务报告不完整的样本公司，但仍无法保证样本公司披露的年度财务报告中可能存在测量误差的情况，而且上市公司的运营也会受政策变动、行业波动、自然灾害或市场动荡等宏观层面的影响，研究变量的数据可能存在异方差，还需进行异方差检验，确保数据具有同方差性。因此，正式的回归模型分析前，还需完成异方差检验，检验结果见表 7 - 6。

异方差检验的 H_0：各解释变量具有同方差。检验结果显示，各研究模型均无法拒绝 H_0（Prob ＞ chi2＝0.000），即模型（7.1）～（7.3）均存在异方差，需在后续分析中采用修正异方差的稳健回归。

表 7-6 回归模型的异方差检验结果

模　　型	chi2（1）	Prob ＞ chi2	是否存在异方差
EMLOY 回归模型（7.1）	133.51	0.0000	存在
CSR 与 *EMLOY* 耦合回归模型（7.2）	472.15	0.0000	存在
CSR 与 *EMLOY* 交互耦合回归模型（7.3）	657.63	0.0000	存在

7.3.2.5　*EMLOY* 偏好因子分析的估计结果

依据上文分析，员工人数同比变化率是体现 *EMLOY* 的直接指标，更直观地反映企业对员工的社会责任情况。为更准确地为上市公司提供影响 *EMLOY* 的偏好因子，本书构建模型（7.1）的研究结果列示于表 7-7 中。

表 7-7 CSR 与员工忠诚度回归研究的估计结果[*]

研究变量及统计量	*EMLOY* 回归模型（7.1）	*CSR* 与 *EMLOY* 耦合回归模型（7.2）	*CSR* 与 *EMLOY* 交互耦合回归模型（7.3）
EMLOY		0.6831*** (0.270296)	
SBIC	0.0432** (0.015594)		
ETD	0.0205* (0.005879)		
LEW	0.0006 (0.001597)		
ASRE	0.0056 (0.007642)		

续表

研究变量及统计量	EMLOY 回归模型 (7.1)	CSR 与 EMLOY 耦合回归模型 (7.2)	CSR 与 EMLOY 交互耦合回归模型 (7.3)
TPCR	0.0011*** (0.000196)		
Z	0.0601** (0.024928)	0.1894** (0.059093)	0.2334*** (0.059283)
WCR		0.0005*** (0.000050)	
ALR		−0.4467*** (0.050506)	
CAR		0.0158*** (0.012066)	
ROE		0.1519*** (0.068428)	
EMLOY × WCR			0.0050*** (0.000017)
EMLOY × ALR			0.1395 (0.154538)
EMLOY × CAR			0.0379*** (0.009615)
EMLOY × ROE			0.0289 (0.131371)
SIZE	0.0017* (0.001096)	0.1301*** (0.002279)	0.1190*** (0.002138)
INCODE	0.0032** (0.001280)	0.0220*** (0.002666)	0.0214*** (0.002488)

续表

研究变量及统计量		EMLOY 回归模型 (7.1)	CSR 与 EMLOY 耦合回归模型 (7.2)	CSR 与 EMLOY 交互耦合回归模型 (7.3)
控制变量 (Controls)	TCRR	0.3757* (0.184749)		
	CES	0.0330** (0.012077)	0.3149*** (0.042515)	0.3883*** (0.041429)
	NCFS	0.0194*** (0.004586)		
	ROI	0.0023* (0.001192)	0.0001*** (0.000315)	0.0001*** (0.000254)
	OGR	− 0.0001*** (0.000397)	0.0013*** (0.000011)	0.0010*** (0.00093)
引入变量	β		0.1357*** (0.030192)	0.1595*** (0.030707)
	R^2	33.42%	95.12%	94.94%
	$\bar{R}^2$	32.40%	95.10%	94.93%
	Root MSE	0.29	0.72	0.73
	F 统计量	67.78	12572.30	13101.89
	P 值	0.000	0.000	0.000

注：括号内为标准差；* $P < 0.05$，** $P < 0.01$，*** $P < 0.001$。

研究结果表明，模型 (7.1) 中各变量对 EMLOY 均产生显著影响，R^2、$\bar{R}^2$ 分别达到 33.42%、32.40%，F 统计量为 67.78，Root MSE 只有 0.29，均表明模型 (7.1) 具有较好的拟合效果和较强的解释能力。由于本书仅选取员工人数同比变化率作为 EMLOY 的替代变量，但模型 (7.1) 的 R^2、$\bar{R}^2$ 均超过 30% 便可说明该替代变量是有效的，能够说明员工对企业的忠诚程度。

工资薪酬是影响 EMLOY 的重要因子，是体现企业对员工社会责任履行情况的核心参考要素。两权分离以来，为缓解股东与管理层（即为核心员工）之间的道德风险，推行了各种激励措施，其中最为引人关注的是向核心员工实施股票激励计划（SBIC）。模型（7.1）考察了实施 SBIC 对 EMLOY 的影响，发现 SBIC 显著地正向影响 EMLOY（4.32%），即上市公司实施 SBIC 可对 EMLOY 提升 4.32%，表明上市公司实施股票激励计划实现员工身兼股东的双重身份，极大地提升了员工对上市公司的忠诚程度，研究结果支持 H11。

除了 SBIC 以外，职工教育培训机会（ETD）显著地影响 EM-LOY，边际变化为 2.05%，即 ETD 每变化一个单位，EMLOY 同方向变化 0.0205。事实上，ETD 可视为企业为员工提供的晋升空间，即若上市公司重视 ETD，会投入较多的培训资源，提升员工的专业技能，培养员工对企业文化的认同度，为员工的职位晋升带来心理预期，从而进一步提升员工对企业的忠诚程度。职工福利待遇水平（LEW）是工资薪酬的构成内容之一，但是研究结果发现，EMLOY 并未受到 LEW 的影响，表明福利待遇并不是员工人数波动的决定因素。因此，研究结果支持 H12。

对比 ETD、LEW 可以发现，员工更关注在上市公司内部可能获得的晋升空间，即 ETD 为员工晋升带来的心理预期，可有效地提升并保持 EMLOY。但是，若员工在一个晋升空间渺茫的公司，即使 LEW 非常高，员工对企业的忠诚度也只是暂时的，终究会因为无法晋升而离开公司，不断地拉低 EMLOY。

资产重组交易（ASRE）是我国证监会要求上市公司强制性披露的重大交易事项，无论上市公司处于交易的哪一方，也无论资产重组的交易类型，都会引起员工人数的波动，从而导致 EMLOY 的变化。但是，模型（7.1）的研究结果显示，ASRE 并未引起 EMLOY 的显著性波动，而企业所在行业（$INCODE$）是显著影响 $EMLOY$ 的重要因素（边际影响为 0.32％），研究结果支持 H13。究其原因，可能是 $ASRE$ 属于上市公司偶发事件，无法对 $EMLOY$ 造成持续性影响，而 $INCODE$ 是影响员工横向流动的真正原因，若员工所在企业长期未满足其需求，则会选择向行业内其他企业流动，导致 $EMLOY$ 受到 $INCODE$ 的波动。

模型（7.1）的检验结果还显示，企业规模（$SIZE$）、利润变化率（$TPCR$）、股权集中度（Z）均显著影响 $EMLOY$，研究结果支持 H14，并得到以下结论：

1）随着不断扩张的 $SIZE$，对 $EMLOY$ 产生 0.17％的边际影响，即上市公司的 $SIZE$ 可稳定员工人数波动，满足员工的更多需求，提升 $EMLOY$。

2）$TPCR$ 对 $EMLOY$ 产生 0.11％的显著边际影响，表明上市公司的运营趋势是 $EMLOY$ 的影响因子，但影响程度较微弱。

3）Z 对 $EMLOY$ 的影响程度最为明显，高达 6.01％，即股权越集中于第一大股东，越显著地提升 $EMLOY$，是模型（7.1）中最大的系数，说明股权越集中，经营决策越迅速，实施效率越高，员工心态也越稳定，从而提升 $EMLOY$。

模型（7.1）控制变量（$Controls$）都有效地控制了模型的稳定性，达到较好的控制效果。其中，全部现金回收率（$TCRR$）对模型稳定性的贡献最大（达 37.57％）；每股综合收益（CES）、每股现金净流量（$NCFS$）、投资收益率（ROI）均是稳定模型的正向因子，但影响程度较微弱；而经营杠杆（OGR）虽不利于模型的稳定性，但影响效果非常微弱（仅为-0.01％）。

7.3.2.6　CSR 与 $EMLOY$ 耦合度分析的估计结果

作为构成企业的重要契约者，员工也是 CSR 的重要利益相关群体，企业对员工责任的履行情况（即企业对员工的忠诚程度）构成

$EMLOY$ 的偏好因子，而 $EMLOY$ 又反作用于 CSR，最终形成企业—员工之间的双向忠诚耦合机制，模型（7.1）运用 $EMLOY$ 反映企业对员工的忠诚程度（即企业对员工的耦合），模型（7.2）、（7.3）则反映 $EMLOY$ 对 CSR 的反作用，是员工对企业的耦合度分析。

依据本书对 CSR 与 $EMLOY$ 耦合度的研究设计，表 7 - 7 分别列示了模型（7.2）、（7.3）的估计结果。为提升 CSR 与 $EMLOY$ 耦合度分析的估计结果，本书在模型（7.1）、（7.2）中运用模型（7.1）$EMLOY$ 的拟合值。

1）CSR 与 $EMLOY$ 的耦合回归模型。

总体来说，模型（7.2）的研究结果表明，各变量对 CSR 均产生显著影响，R^2、$\bar{R}^2$ 更为突出，分别达到 95.12％、95.10％，F 统计量高达 12572.30，Root MSE 只有 0.72，均表明模型（7.2）具有极佳的拟合效果和明显的解释能力，各解释变量是构成 CSR 的核心要素。

研究结果显示，$EMLOY$ 对 CSR 的边际影响高达 68.31％，在模型（7.2）各解释变量中的影响程度最为明显，表明企业—员工之间存在紧密的忠诚度耦合机制，研究结果支持 H21，应是上市公司提升 CSR 评分的关注重点。

若将 $EMLOY$ 作为构成 CSR 且体现员工心理契约结果的替代变量，则纳入模型（7.2）的 WCR、ALR、CAR、ROE 便是影响 CSR 的非心理契约因素，经验证也均显著地影响 CSR，其中 WCR、CAR、ROE 为积极影响，且以 ROE 的边际影响程度最为明显（15.19％）、以 WCR 的边际影响程度最为微弱（0.05％），表明上市公司的盈利水平的确是 CSR 的决定因素，可为企业履行社会责任提供资金保障；ALR 为明显的负面影响，可达 - 44.67％，表明上市公司的负债水平越高，CSR 则越受到明显的负面影响，资本结构成为改进 CSR 评分的重要指标。研究结果支持 H22。

$SIZE$、$INCODE$、Z 仍然是影响 CSR 的重要构成部分，积极且

显著地影响 CSR，其中以 Z 的边际影响最为明显（18.94%），研究结果支持 H23。因此，股权集中有利于上市公司的平稳运行，有利于重大决策的迅速实施，为积极履行社会责任提供持续稳定的发展氛围和强有力的管理层；同时，企业规模、所属行业也均是构成 CSR 必不可少的要件。

风险因子 β 是资本市场的系统风险，与 CSR 之间存在显著的正相关关系，表明企业履行社会责任极易受到资本市场波动的干扰，研究结果支持 H24。事实上，资本市场可看作中观层面，是连接宏观层面、微观层面的桥梁，宏观的政策制度、经济导向的变动都通过资本市场传递到微观层面的企业，而企业应对波动的效果也通过资本市场反馈至宏观层面，CSR 与 β 之间则是这种传递机制的重要体现，企业可以根据影响 β 波动的宏观要素来改进 CSR。

2）CSR 与 $EMLOY$ 的交互耦合回归模型。

模型（7.3）的总体研究结果表明，各变量对 CSR 均产生显著影响，R^2、$\bar{R}^2$ 非常突出，分别达到 94.94%、94.93%，F 统计量高达 13101.89，Root MSE 只有 0.73，均表明模型（7.3）仍具有极佳的拟合效果和明显的解释能力。

在 $EMLOY$ 与非心理契约变量对 CSR 的交互耦合分析中，$EMLOY$ 分别与 WCR、CAR 对 CSR 产生显著的交互影响（边际影响分别为 0.50%、3.79%），$EMLOY$ 分别与 ALR、ROE 的交互作用与 CSR 之间不具有统计学意义，研究结果分别支持 H31、H32、H33、H34。可以看出，虽然 WCR、CAR 在模型（7.2）中对 CSR 的独立影响程度非常微弱（仅有 0.05%、1.58%），但两因子分别与 $EMLOY$ 的交互作用对 CSR 的耦合影响有明显的提升（达 0.50%、3.79%），说明在 CSR 的系统框架中，企业在完善 $EMLOY$ 指标的同时注重提升营运指标、发展积累指标，则会对 CSR 产生更有效的提升效果。

模型（7.3）的 $SIZE$、$INCODE$、Z 仍然对 CSR 发挥显著的影

响作用，边际影响分别为 11.90％、2.14％、23.34％，反复证实了对 CSR 的不可或缺性和重大影响性。

模型（7.2）、（7.3）的控制变量（$Controls$）均有效地控制了模型的稳定性，达到较好的控制效果。其中，每股综合收益（CES）对模型稳定性的贡献最大（达 38.83％）；投资收益率（ROI）、经营杠杆（OGR）在耦合分析框架均是稳定模型的正向因子，但影响程度较微弱。

7.4　本章结论

本书选取 2010～2015 年期间沪深两市 6 949 个研究样本，采用静态截面回归模型分析员工忠诚度与 CSR 的双向耦合性，得到以下研究结论：

7.4.1　样本统计研究结论

7.4.1.1　样本公司的员工忠诚度较低，研究期间的波动幅度极其剧烈

本书采用员工人数同比变化率作为 $EMLOY$ 的替代变量，即运用员工净离职率（或净入职率）刻画员工对企业向其履行的社会责任的满意程度。

依据描述性统计的结果来看，样本公司的 $EMLOY$ 在研究期间出现剧烈的波动，且维持在较低的总体水平上。因此，企业积极提升社会责任时，管理层面临的难题之一便是我国企业员工具有较大的流动性，如何留住员工成为评价人力资源管理水平的有效指标。同时，更应引起警觉的是，本书的 $EMLOY$ 数据仅为正式员工的流动变化，不含临时员工的流动变化，说明我国企业员工的实际流动情况可能比本书的估计水平更为剧烈，应引起更多的关注。

7.4.1.2 上市公司管理层极其不重视在职员工的教育培训

企业属于营利组织，其存在的目的即为获取收益并持续经营。为实现其目的，企业应关注其构成要件的竞争能力，积极提升企业的整体核心竞争力，确保企业规模扩张和持续性盈余。员工是企业构成的必要因素，其专业水平或业务能力可以决定企业规模发展的稳定性，若员工具备的知识结构老化，无法适应企业的发展，则会拖累企业的发展进程。因此，在职员工的教育培训是确保员工具有较强工作能力的有效手段。但是，本书的描述性统计结果显示，ETD 的总体水平仅为 3.8%，表明管理层明显不重视员工的教育培训，无法满足员工的需求，并未重视对员工的社会责任。

7.4.2 实施股票激励的薪酬计划显著地提升 EMLOY

工资水平是员工关注的核心要素，是影响 $EMLOY$ 的重要指标。上市公司对外公告的财务报告中，应付职工薪酬项目的附注仅披露工资总水平及其他的简单明细，无法进一步获取工资的构成情况。本书将股票激励作为工资水平的替代变量，分析 $SBIC$ 与 $EMLOY$ 的相关关系，发现实施 $SBIC$ 可显著提升 $EMLOY$，增强员工的职业热情，缓解道德风险，有效地稳定员工流动，提升员工对企业的忠诚程度。事实上，受到股票激励的员工一般为上市公司的核心员工，其忠诚程度可影响到企业的未来发展趋势。若核心员工兼具股东身份，可最大限度地增强其责任心，从而提升其忠诚度，保障上市公司的稳定运营。因此，上市公司实施 $SBIC$ 可有效地履行对员工的社会责任，满足员工的相关利益需求，提升 CSR 的整体评分水平。

7.4.3 员工对教育培训、公司盈利的期望远胜于福利待遇

研究结果表明，ETD、$TPCR$ 是构成 $EMLOY$ 的两个显著偏好因子，而 LEW 则无法决定 $EMLOY$ 的变化。前述分析已知，我国上市

公司的 *ETD* 总体水平较低，但回归分析证实 *ETD* 显著影响 *EMLOY*，表明员工对 *ETD* 极其关注，若上市公司能够认真对待在职员工培训，则会明显提升员工对公司的忠诚程度（*EMLOY*）。与此同时，员工极其重视上市公司盈余的同比变化（*TPCR*），*TPCR* 越高，表明上市公司发展趋势越好，员工流出的现象越少，*EMLOY* 则越高。虽然 *TPCR* 对 *EMLOY* 造成的影响程度较微弱（0.11%），但足以说明 *EMLOY* 对 *TPCR* 具有敏感的反应机制。

研究结果显示，职工福利待遇水平（*LEW*）并不是员工关注的重点，说明无论员工流动到哪家上市公司，法定计提的职工福利费是保障员工福利的强制性要求，不会因员工流动而发生改变，故而 *EMLOY* 不受 *LEW* 的影响。

7.4.4 *EMLOY* 对企业所处行业的敏感度远超资产重组交易

研究结果显示，*EMLOY* 具有行业性偏好，即企业所处行业（*INCODE*）不同，员工的忠诚程度不尽相同。对照表 7-1 中 *IN-CODE* 的定义说明，上市公司所属行业代码越大，*EMLOY* 越高，即服务业的 *EMLOY* 要大于农业、制造业等行业，这也正说明国民经济水平增长，流向服务业的劳动力越多，*EMLOY* 水平越高。

资产重组交易（*ASRE*）是资本市场的重大交易，通常会引起员工的大幅度变动，特别是处于财务预警的上市公司尤为明显，但是本书选取的样本已剔除 ST、PT 的上市公司，研究结果认为 *ASRE* 与 *EMLOY* 无关。后续研究可扩大研究样本至 ST 或 PT 上市公司、三板上市公司，以验证 *ASRE* 对 *EMLOY* 的影响。

7.4.5 CSR 与 *EMLOY* 之间存在显著的双向耦合

本书运用 *EMLOY* 偏好因子分析、*CSR* 与 *EMLOY* 影响分析验证 *CSR* 与 *EMLOY* 之间存在显著的双向耦合度，两者相互作用、相互影响。员工通过企业对员工履行的社会责任水平（*SBIC*、*ETD*、*TPCR*、*SIZE*）表达其忠诚程度（*EMLOY*），企业履行社会责任的总体水平（CSR）又受到员工表现出的忠诚程度（*EMLOY*）的影响。在两者的耦合机制中，*EMLOY* 受到多因素影响，涵盖企业对员工履行的社会责任部分，是心理契约的综合体现，对 CSR 产生显著的影响。因此，管理层提升 *EMLOY* 的同时亦可改善 CSR 水平，而全面履行社会责任也会稳定员工流出现象，从而提升 *EMLOY*。

本书的交互耦合分析还显示，体现心理契约的 *EMLOY* 与非心理契约因素相交互时，对 CSR 的影响不尽相同，表明 *EMLOY* 分别与经营水平、发展水平共同作用时，对 CSR 起到显著的提升作用，即营运资金（*WCR*）、资本积累（*CAR*）分别与 *EMLOY* 的交互作用给 CSR 带来的提升作用要远大于 *WCR*、*CAR* 的单独影响。

8 研究结论、政策建议与后续研究展望

8.1 研究结论

本书围绕企业社会责任 CSR 这一主题，在充分翔实的理论分析基础上，引入经济外部性的替代变量，分别运用面板数据、多元线性回归、事件研究法、$Logit$ 和 $Logistic$ 分析法，构建了企业社会责任 CSR 与企业税负、研发创新、企业声誉、员工忠诚度的分析框架，主要包括四个模块：企业税负对 CSR 的影响分析；CSR 对研发创新的驱动分析；企业声誉的市场反应和 CSR 对企业声誉的影响分析。CSR 与员工忠诚度的耦合分析，归纳全文的研究结果，主要得到以下研究结论：

8.1.1 研究样本总体性结论

8.1.1.1 我国境内上市公司的 CSR 总体偏低，企业规模促进管理层积极履行 CSR

在第 4 章～第 7 章的实证研究样本中，第 4 章、第 5 章的 CSR 均值分别为 28.33～28.48，标准差分别达 20.23～20.46；在第 6 章中，剔除企业规模 $[LN(ASSET)_{t-1}] < 22.5$ 后，研究样本 CSR 均值明显高于第 4 章、第 5 章的 CSR，达到 38.84，且标准差也随之扩大至 22.37；在第 7 章中，对 CSR 取自然对数并剔除不符合函数定义的数

据后，研究样本 CSR 均值为 3.153，标准差为 0.820，仍处于较低水平。统计结果反映出 CSR 仍未引起我国上市公司的普遍关注，企业的公民意识较差，虽然上市公司企业规模会引起管理层更为注重承担社会的责任，并与相关利益群体进行相应的沟通，但仍停留在"利润最大化"的较为初级的运营目标上，极少重视企业外部性带来的连锁反应，忽视经济与社会联动性产生的经济后果，本书认为证券监管机构有必要要求上市公司强制性披露 CSRR，增强上市公司的责任意识，全面改善与相关利益群体的关系，补充财务报告未披露的各种信息。

8.1.1.2 "营改增"减税效果较为明显，但我国企业总体税负的资源占用率较高

2012～2016 年期间是我国推行"营改增"的政策由部分地区试点、部分行业试行扩展至全国全面实施的时期，本书的整体研究期间 2009～2015 年恰好与该期间相交叉。经过统计分析可以发现，$VAT < 0$ 且样本间增值税税负存在很大差异，"营改增"的减税效果比较明显。

但是，从会计的角度来说，利润总额是权责发生制下收入与费用配比计算的结果，而货币资金是企业经济资源，企业缴纳税金（税负）是对企业货币资源的无偿占用，而不是简单的与利润总额的比值，即税率≠税负，导致上市公司研究样本的总体税负 $TOTAX$、企业所得税 EIT 占用大量上市公司资源，分别高达 53%、36%，对企业正常生产经营的现金流产生一定的影响。

我国自 2004 年起开始推行结构性减税政策，如下调企业所得税税率、增值税转型、"营改增"、取消 13% 的增值税税率档位等税制改革和调整，为纳税人减轻了大量的税负。但是，研究样本的描述性统计结果显示，我国政府结构性减税任重而道远，还需从更深层次剖析税制原理，寻求实际性减负政策。

8.1.1.3　上市公司的研发创新能力逐年提升，但不注重提升企业声誉

依据本书界定的创新能力，研究期间上市公司的创新能力得到进一步提升（由 2010 年的 0.98％上升至 2015 年的 2.17％），增强了上市公司的竞争力，符合国家提出的"创新驱动发展"的战略要求。但是，由于研发创新具有高风险，从研究阶段转化为开发阶段，并最终达到无形资产的预定状态，上市公司需投入大量的资金和人力，导致我国上市公司的 RD 仍处于世界较低水平，对企业资源的平均占用率仅有 1.53％，急需管理层强化创新提升竞争力、提升社会价值的意识，加大对研发创新的资金投入力度，真正实现以"创新驱动发展"的目标。

8.1.1.4　上市公司盈利能力较弱，且呈持续下降的趋势，而股东财富则呈现 U 形变化

上市公司盈利能力在研究期间逐年下降，ROE 从 2010 年 0.0634 下降至 2015 年 0.0331，而 ROA 均值也仅有 0.0528，第 6 章中未获奖子样本的 ROA 均值更低至 0.0515，表面上看是上市公司的规模水平与盈利能力不匹配，企业在规模扩张的过程中盈利水平并未保持同比例地提升，单纯地追求利润最大化，并不能持续稳定地维持企业运营的稳步发展，但造成更深层次的原因应是企业资源配置、生产流程、各种税费筹划、创新机制、产品链维护等多方面原因造成的。因此，上市公司应转变思路，从全面维护相关利益群体的角度来全面提升企业运营质量，尽量满足契约各方的需求，传递正外部性，提升社会进步以维持和提升盈利能力。

同时，股东财富也在研究期间出现较大幅度的波动，整体呈现 U 形变动规律，表明上市公司管理层注重股东权益的维护，虽然受到宏观政策、经济形势波动的不利影响，但仍然有效地保证了股东财富的回升，有利于缓解委托代理矛盾，实现受托责任。"股东财富最大化"

是介于"利润最大化"和"社会价值最大化"之间的运营目标，充分体现管理层摆脱了单纯追求利润而不顾外部不经济的管理理念，逐渐形成维护相关利益群体权益、履行社会责任并寻求社会价值最大的经营理念。

8.1.1.5　员工对企业的忠诚度较低，且研究期间出现剧烈波动幅度

无论体现员工忠诚度的心理契约如何复杂、难以估计，员工人数的变化体现员工是否对企业继续怀有忠诚心理的直接结果。本书为确保研究重点，以员工人数同比变化率作为 $EMLOY$ 的替代变量，以更有效地体现员工对企业的忠诚程度。但是，依据估计结果，上市公司的员工流动极其频繁，且多以流出为主，$EMLOY$ 总体水平在 2012 年达到 9.9% 的顶点后，急剧并持续下滑至 2015 年的 3.18%，而 CSR 的波动比 $EMLOY$ 滞后一期，表明 $EMLOY_t$ 明显拉低 CSR_{t+1} 的评分，进而说明管理层认真履行社会责任并推动 CSR 反弹回升时，若不积极改善员工流动的问题（即提升员工对企业的忠诚程度），$EMLOY$ 仍会拖累 CSR 的回升幅度。

8.1.2　企业税负贡献对 CSR 的影响分析结论

1）总体税负 $TOTAX$ 及三大主要税负 VAT、EIT、BT 都显著地影响 CSR。相对于 EIT、VAT、BT 的影响系数，由于 $TOTAX$ 是各种税负的综合反映，则对 CSR 的影响较为平缓，说明还有未纳入模型的税种对 CSR 产生较明显的消极影响，抵消了 VAT、EIT 对 CSR 的积极影响。

2）VAT、EIT 都对 CSR 产生显著的积极影响，其中 EIT 的影响程度最强烈，反映出税务机关、企业管理层对企业所得税汇算清缴的重视程度，而且企业所得税决定企业盈余水平和利润分配方案，影响利益相关群体的受益水平，较直观地体现 CSR 对社会福利的贡

献水平。

由于"营改增"政策涉及除商业企业外的所有服务性企业，不仅对该类企业的 VAT 产生较大波动，还影响到服务性企业的上下游相关企业的 VAT 水平，对不同企业及其利益相关群体产生不同的影响效果，即"营改增"导致相关企业的 VAT 有升有降，导致研究期间 VAT 对 CSR 的影响程度略低于 EIT 。但是，由于增值税税负未纳入利润表，无法直观地估算增值税的税负贡献，只能运用财务报表及其附注推算出本书所需的 VAT 。因此，虽然 VAT 估算结果与实务缴纳情况存在一定的差异，但研究结果间接地证实了 VAT 作为 CSR 的构成要素对社会福利的贡献，也再次证实了 VAT 对企业经济资源的耗费，应及时纳入利润表的会计核算框架内，这也是我国税制体系与美国等无增值税税制体系的最大区别，应充分体现在我国的财务报告模式中。

"营改增"的宗旨是营业税纳税人改征增值税，在逐渐取消营业税税种的同时从宏观层面上降低企业税负（增值税税负），而且国家宏观数据也证实我国增值税税收并未因"营改增"而大幅增加，反而增长幅度低以前年度同期水平。本书研究结果与现实经济情境相符，BT 与 VAT 恰好相反，营业税的重复征税、增加企业负担等缺点对 CSR 产生消极影响，拉低 CSR 得分水平，但是随着"营改增"的全面推行，研究期间 BT 的负面影响逐渐趋于弱化，有利于 CSR 优化内部结构体系，更全面地评价企业履行社会责任的效果。

8.1.3　CSR 驱动研发创新的分析结论

1）CSR 增强企业盈利能力，更显著增加股东财富，显著推动 ROE 、SMP 对 RD 的提升作用。本书分别从利润最大化 ROE 、股东财富最大化 SMP 两个角度考量财务绩效，分析社会价值最大化 CSR 对两大运营目标的改善促进作用，证实企业履行社会责任有效地改善企业盈利能力并大幅度提升股东财富水平，CSR 确实带来额外收益，履行社会责任全面维护了相关群体的利益，改善了企业运营质量，股东的权益受到管理层的极力关注，极大地缓解了信息不对称造成的逆向选择和道德风险。

在多重企业运营目标共同存在的情况下，上市公司履行社会责任既推动追求利润的上市公司提高研发创新能力，也积极促进维护股东权益的上市公司增强研发创新能力，CSR 分别与 ROE、SMP 的交互作用也对 RD 起到了积极的促进作用，表明多重运营目标并不互相矛盾，可以同时存在于同一企业微观情境中，共同实现企业及其相关利益群体的多方面需求。

2）研发人员比例 EDU 有效地提升研发创新能力，职工教育经费显著影响研发创新能力。本书的研究结果发现不论企业采用何种营运目标，RD 都受到 EDU 强烈影响，只是随着企业运营目标趋于多元化的社会价值最大化进程中，EDU 对 RD 的影响逐渐转弱，表明多重运营目标下，研发人员比例对研发创新能力的影响力下降，管理层可从更多渠道获取可转化为（或即将转化为）无形资产的创新项目，取得仅做改良即可转化为无形资产的研发项目，对原有产品某些微小改动即可满足更多相关利益群体需求，都可降低对 EDU 的依赖程度。因此，企业在利润最大化的基础上，拓展股东财富最大化至社会价值最大化的运营目标，可实现多渠道提升研发创新能力，提升相关群体的利益。

在职培训 EMTR 与研发创新能力 RD 显著正相关，上市公司在积极履行社会责任追求多重运营目标的情况下，RD 受到 EMTR 的影响最为明显，表明上市公司在履行社会责任时，逐渐重视职工培训给员工带来的福利提升，并由此激发企业研发创新能力，并最终改善上市公司的营运质量。

8.1.4 CSR 对企业声誉的分析结论

1）CSR 是显著提升企业声誉的积极因子。CSR 综合体现上市公司对相关利益群体需求的满足程度，减少经济活动产生的外部不经济，上市公司积极履行社会责任有助于提升企业声誉 REP，即 CSR 是提升企业声誉 REP 的有效手段之一。但是，我国境内上市公司现阶段处于 CSR 水平较低、REP 比重偏低的"双低"现状，造成企业发展不稳定、外部不经济事件频发、"利润至上"的过度盈余管理等现象，可能也是股价长期低迷的原因之一。

2）ROA 是显著拉低企业声誉的消极因子。ROA 是"利润最大化"企业运营目标的有效指标，虽然属于相对静态的财务指标，但仍可充分体现上市公司在特定期间的盈利能力，是《财富》（中文版）评选"最受赞赏的中国公司"的考核项目之一。通常情况下，ROA 越高，表明企业的盈利能力越强，在企业声誉的评价体系内应获得更高分数。但是，本书的研究显示 ROA 并不是企业声誉 REP 的积极因子，反而是大幅度拉低 REP 的消极因子，不利于企业声誉的维护和提升。造成这种结果的原因可能是 ROA 属于"利润最大化"运营目标体系的典型盈利能力指标，而企业声誉是企业外部相关利益群体对企业评价的结果，若 ROA 越高，则可能被认定为企业履行 CSR 的支出相对越少，相关利益群体的需求无法得到有效的满足，经济活动的外部不经济难以得到有效的缓解，反而使 ROA 成为影响企业声誉的负面因子，最终成为股价波动的不利因素。因此，上市公司管理层还需针对 CSR 构建更为全面的"社会价值最大化"运营目标，全面维护企业声誉水平。

8.1.5 员工忠诚度对 CSR 的分析结论

1）实施股票激励的薪酬计划、加强员工教育培训等手段是管理层

提升 *EMLOY* 的有效手段。股票激励改变薪资结构，令核心员工兼具股东身份，其实际薪酬与企业价值紧密相结合，促使员工更加关注企业的盈余水平和发展趋势，缓解管理层与员工之间的道德风险和股东与管理层之间的逆向选择，实质性地提升 *EMLOY*。在职教育培训可提升员工晋升期望，是员工密切关注的切身利益，也是影响 *EMLOY* 的偏好因子。从企业的角度来说，股票激励、在职培训都是企业对员工履行社会责任的具体体现，若管理层能在这两方面推行切实可行的措施，势必会极大地激发员工的工作热情，提升员工对企业的忠诚程度。

2）*CSR* 与 *EMLOY* 之间存在显著的耦合关系。在构成企业的所有契约关系中，企业与员工是重要的契约关系。在 *CSR* 的构成要素中，员工又是 *CSR* 的重要利益相关群体，企业对员工责任的履行情况（即企业对员工的忠诚程度）构成 *EMLOY* 的偏好因子，显著地影响员工的流动情况。与此同时，*EMLOY* 的任何变动又强烈地反作用于 *CSR*，影响 *CSR* 的整体评分水平，指引管理层实施改进 *CSR* 的各种措施，从而最终形成企业 — 员工之间的双向忠诚耦合机制，实现 *CSR* 与 *EMLOY* 共同提升的目标。

EMLOY 是耦合机制内部的员工心理契约的综合反映，与财务指标等非心理契约共同对 *CSR* 的交互影响可能比某些非心理契约对 *CSR* 的独立影响要更令人关注，协调好 *EMLOY* 与 *CSR* 的其他指标的协同关系，有助于管理层全面提升 *CSR* 评价水平。

8.1.6　CSR 受企业所处行业的显著影响，高科技企业显著影响 RD

长期以来，*CSR* 一直是高污染、高耗费、高事故等企业关注的重点，但是本书的研究结果显示，*CSR* 与行业指标存在显著的正相关关系，并不是仅有特定的行业才与 *CSR* 有关，各行业的公司管理层均应重视 *CSR* 在企业持续性运营与相关利益群体之间的桥梁和纽带作用，积极履行应有的社会责任，实现社会价值最大化。

同时，依据本书对高科技企业的界定，上市公司行业类别中共有 7 个行业被界定为分析研发创新能力的高科技企业，且分析结果显示高科技企业能够显著地影响研发创新能力。虽然上市公司的研发创新能力在不同运营目标下都受到 $INCODE$ 的不同影响，但只有在多重运营目标共同存在下，随着企业履行社会责任以满足相关利益群体需求的同时，$INCODE$ 对 RD 的影响程度最为明显，表明特定环境下的创新是符合相关利益群体需求的创新，受到市场和社会的认可，有助于实现上市公司的各项目标，促进企业发展的良性循环。

8.1.7 经济外部性显著影响 CSR、RD，引起资本市场产生积极的反应

1）本书在税负贡献、研发创新、员工忠诚度的经验分析中引入外部性因子：风险系数 β_{t-1}、时间效应 $YEAR_m$，估算外部性因子对 CSR 的影响。研究结果显示风险系数 β_{t-1}、时间效应 $YEAR_m$ 对 CSR、RD 的影响都非常显著，①CSR 受到前期宏观经济形势、市场环境变化的顺向叠加影响，基本上遵循"企业以前年度的运营外部性（体现在 CSR 中）→宏观环境变化→产生风险系数（β）→引起当期及未来年度 CSR 变化（外部性变化的外在体现）→……"的路径循环往复。②本书引入时间效应 $YEAR_m$ 的系数联合显著性测试①结果显示，社会、经济的重大事件对企业经营所产生的任何微小影响，都会引起 CSR、RD 进行显著的顺方向调整，应引起上市公司管理层的密切关注，并及时分析调整企业运营策略，提升经济正外部性，规避经济负外部性。

2）本书在第 6 章将资本市场对上市公司获奖的反应作为企业外部对企业经济活动外部性的反馈，运用事件研究法分析了 2009～2015 年期间获奖上市公司在不同事件窗口下的股价波动情况（CAR），发现

---

① 以 $YEAR_{2010}$ 为基期、对 $YEAR_{2011} \sim YEAR_{2015}$ 进行检测。

投资者对获奖事件产生强烈的积极反应，企业声誉可激发投资者强烈的投资偏好，而且距离事件公告日越远，股价波动越剧烈，而随着事件窗口收窄，股份波动幅度越不明显。结合企业声誉 REP 的描述性统计结果来看，上市公司积极提升企业声誉可以抬升股价，增加企业价值，吸引潜在投资者。

8.2 政策建议

当前，我国经济发展处于重要关键时期，正处于上中等收入阶段，积极推进供给侧结构性改革，确保经济中高增速和跨越"中等收入陷阱"的"生命线"①，但仍面临诸多风险和不确定性，企业经济活动外部性的社会问题和环境问题日益尖锐化，引起政府、企业和公众意识到企业必须转变单纯追求"利润最大化"的经营方式，积极承担社会责任，提升利益相关群体的福利水平，实现社会和环境的可持续发展。因此，企业积极履行社会责任、主动披露 CSRR 有助于企业紧密地联系相关利益群体及其所处的经济、生存环境，构建和谐发展的战略框架。

近年来，主动对外披露 CSRR 的上市公司日益增长，但仍有大部分上市公司尚未披露 CSRR，这也是本书采用权威第三方（和讯网上市公司社会责任报告专业评测体系）披露的 CSR 数据作为研究变量的最主要原因。但是，权威第三方披露的上市公司履行社会责任的 CSR 评价结果仍在不断地警示我们：我国上市公司的 CSR 仍处于较低水平，而且存在明显的横向、纵向差异，亟须从多个层面进一步引导和鼓励企业积极履行并主动披露社会责任，促进经济平稳发展。有鉴于此，结合本书的研究结论，主要可从三个层面进行改进：

---

① 刘世锦：《供给侧改革助推跨越中等收入阶段》，人民日报，2016 - 6 - 12。

8.2.1　宏观层面——推动企业履行社会责任的制度建构

目前，我国证券监管机构鼓励上市公司对外积极披露 CSRR，但是通过本书的研究发现，在我国目前缺乏推进 CSR 的社会基础和各种社会力量的不利情况下，政府制定相关的规范引导和推进企业履行社会责任作用就显得尤为重要。根据目前全球化进程中企业社会责任的发展趋势，政府监管机构可从以下几个宏观层面推进企业重视并履行社会责任：

1）强制性要求上市公司对外披露《企业社会责任年度报告》，推进企业社会责任制度化建设。由于监管机构的规制合法性压力对披露 CSRR 的倾向具有积极影响作用（刘玉焕，2014），建立健全系统完善的法律规章可保障 CSRR 披露行为健康和快速发展。为了进一步引导和推动更多的企业披露社会责任报告，政府应该进一步加强其规范和引导的作用，使企业在遵循国家各项法律规章的前提下满足相关利益群体的需求，维持企业发展，促进社会全面进步。

2）加强地方政府规范和监督区域内上市公司的社会责任信息披露。与宏观的制度环境相比，*Marquis et al.*（2007）认为企业行为更易于受到所处地区和社区制度环境的影响。各级地方政府可以针对当地企业制定相应的政策和措施，为企业创造良好的区域制度环境，引导和规范企业主动披露 CSRR，促进区域经济的平衡发展。

8.2.2　中观层面——强化社会宣传监督与社会责任评价体系

1）建立规范的 CSR 评价体系，促使 CSR 管理与国际接轨。西方国家对 CSR 的评价具有多样化，如道琼斯可持续发展指数、《财富》的公司责任排行榜等指标，都属于 CSR 的评价体系，评估结果具有权威性。同时，国外跨国公司都把履行 CSR 作为企业平稳发展的必备条件，并在公司内部制度化、规范化，保证履行社会责任成为日常的经济活动。但是，我国对企业的评价仍然停留在纯粹的"利润最大化"的经济指标上，不再适应经济全球化的趋势和要求，不利于我国企业在国际市场中的开拓和发展，也不利于我国境外企业提高国际竞争力。

2）加强对企业社会责任的培训，加大对企业社会责任的宣传，强化政府机关、企业管理层、其他相关利益群体对 CSR 的理解，鼓励全社会关注 CSR，推动 CSR 的社会发展进程，帮助企业树立公司意识和社会责任理念，在创造利润的过程中，积极履行企业的社会责任。

8.2.3 微观层面——提升企业公民意识与相关利益群体维护

1）强化企业的公民意识，建立企业内部的社会责任评价体系。当前经济情境下，企业已经充分履行了社会责任中的经济责任、法律责任，而且这两项责任已经在实务中框定为相关法律法规。但是，由于 CSR 中的慈善因素、道德因素及其他因素并未给企业带来直接的经济收益，为企业带来的间接收益不仅需支付大量的费用而且在会计上又难以按货币加以计量，企业管理层则仍处于自愿遵循的状态。故此，企业管理层应加强 CSR 的意识，对员工积极培训并普及 CSR 理念，形成履行 CSR 的企业文化。

2）企业管理层应与利益相关群体共同参与公司治理。相对于宏观层面、中观层面的监督与治理，若由利益相关群体共同参与公司治理，既可以保障各自权益，还可以提升企业所在区域的福利水平，是由内部治理的角度实现外部经济的策略。但是，两权分离理论将股东视作企业的所有者，而利益相关群体共同参与公司治理可能侵害了股东的剩余索取权、企业运营决策权，会遭受部分学者的质疑。而且相关利益群体涉及面较广，利益也不一致，若都参与公司治理，而且都从各自的利益角度考虑，可能会造成决策难以集中，决策过程冗长且决策成本较高，影响日常的顺利运营。因此，只有利益相关群体之间达成妥协，选出与管理层共同参与公司治理的代表，才会更有利于企业全面稳定的发展。

8.3　研究局限

本书以企业社会责任 CSR 为核心，分析企业税负贡献、研发创新能力、企业声誉、员工忠诚度与 CSR 之间的相关性，囿于客观因素等原因的局限，研究仍存在以下不足之处：

一是，研究样本的数量不完整。尽管本书在经验分析的各章中选取较充足的研究样本，估计结果也具有较强的解释能力，但相对于每年强制性披露的财务报告来说，自愿披露 CSRR 的上市公司并不在多数，而且 CSR 仍未得到社会各界的普遍认可，使得 CSR 数据并不完整，只能借助权威第三方的评价结果，有可能对研究结论产生一定的影响，也会影响研究结论对政策建议的方向。因此，充分披露 CSRR 的相关信息可提升研究结论的合理性、解释能力，解决研究的局限性。

二是，利用事件研究法分析资本市场对获奖企业的反应（CAR）时，选取的研究事件窗口具有一定的主观性。本书选取（-5，10），（-5，5），（-1，1）等时间窗口作为研究企业获奖 CAR 的事件窗口，虽然能够较全面地估计出资本市场对企业获奖的反应，但是为避免涵盖更多其他事件的叠加影响，而不能随意扩大事件窗口，导致研究结论的可靠性受到波动。当然，也不能选择较窄的事件窗口，以免无法合理地估算企业获奖对我国资本市场的影响，从而导致测算的经济外部性反应存在较大误差。因此，事件研究法本身所固有的瑕疵，还需不断修正研究方法上的缺陷加以改进。

8.4　后续研究展望

企业社会责任 CSR 是一个极其复杂的课题，是大量的学科交叉运用的综合体现，本书对 CSR 与税负贡献、研发创新能力、企业声誉的相关性分析是在综合财务会计、税务会计与筹划的学科理论基础上，引入经济外部性的替代指标，对 CSR 的联合分析。但是，受研究数据和研究重点等方面的局限，后续研究可重点关注以下问题：

8.4.1　扩充全面"营改增"后的研究数据

由于本书的研究期间仅涵盖"营改增"实施前、实施中的时间段，并未包含"营改增"全面实施后的数据，导致本书没有形成从"营改增"实施前、实施中、全面实施后的完整性研究结论。因此，在对 CSR 的后续研究中，本书还需扩充研究数据，进一步分析"营改增"全面实施后的税负贡献对 CSR 的影响情况，从而形成一个完整的研究分析框架体系。

8.4.2　引入企业对外捐赠探析 CSR 与财务绩效

企业对外捐赠是企业维护并提升企业声誉的有效手段，也向企业外部传递经济活动正外部性的信号，成为 CSR 的重要构成要素之一。

从会计角度来说，企业对外捐赠计入利润表的营业外支出项目，占用大量的现金流量，对企业的经济资源及其配置产生一定的影响。同时，从税法角度来说，只有企业的公益性捐赠才享有一定比例的企业所得税税前扣除①，除此之外的对外捐赠仍属于应税收入，需计缴企业所得税，进而影响资产负债表的应纳税费、利润表的企业所得税费用。因此，企业对外捐赠同时对 CSR、财务绩效产生不同影响，极其有必要在"利润最大化""社会价值最大化"的运营目标基础上，分析对外捐赠与 CSR、财务绩效的相关性。

---

① 可税前扣除的公益性捐赠金额≤当年利润总额×12％，超出额度不得税前扣除。

参考文献

[1] 詹姆斯·E.米德.施仁（译）.效率、公平与产权（第 1 版）[M].北京：北京经济学院出版社，1992.

[2] 北京大学光华管理学院.社会责任价值报告（2015—2016）[R].北京大学光会管理学院，2017.

[3] 蔡月祥，卞继红，孙振华.企业社会责任、公司声誉与企业绩效研究 [J].华东经济管理，2015，29（10）：175—180.

[4] 晁罡，程鹏，张水英.基于员工视角的企业社会责任对工作投入影响的实证研究 [J].管理学报，2012，9（6）：831—836.

[5] 陈宏辉，贾生华.企业社会责任观的演进与发展：基于综合性社会契约的理解.中国工业经济，2003，12：85—92.

[6] 陈玉清，马丽丽.我国上市公司社会责任会计信息市场反应实证分析 [J].会计研究，2005，3：76—81.

[7] 李文茜，刘益.技术创新、企业社会责任与企业竞争力——基于上市公司数据的实证分析 [J].科学学与科学技术管理，2017，38（1）：154—165.

[8] 刘宗华，李燕萍，郑馨怡.企业社会责任、员工—企业认同和员工绩效的关系 [J].浙江工商大学学报，2017，1：103—113.

[9] 钱明，徐光华，沈弋，等.民营企业自愿性社会责任信息披露与融资约束之动态关系研究 [J].管理评论，2017，12：163—174.

[10] 史敏，蔡霞，耿修林.动态环境下企业社会责任、研发投入与债务融资成本——基于中国制造业民营上市公司的实证研究 [J]. 山西财经大学学报，2017，3：111—124.

[11] 宋献中，胡珺，李四海.社会责任信息披露与股份崩盘风险——基于信息效应与声誉保险效应的路径分析 [J].金融研究，2017，4：161—175.

[12] 孙晓妍，盖地.盈余管理、受托责任关系与企业总体税负——基于企业经济资源视角的面板数据分析 [J].山西财经大学学报，2014，36（1）：114—124.

[13] 孙晓妍，盖地.增值税费用特性——来自中国情境下的经验证据 [J].财经论丛，2015，196（7）：75—83.

[14] 王海兵，韩彬.社会责任、内部控制与企业可持续发展——基于 A 股主板上市公司的经验分析 [J].北京工商大学学报（社会科学版），2016，1：75—84.

[15] 颜爱民，单良，徐婷.员工感知的企业社会责任对建言行为的作用机制研究 [J].软科学，2017，31（7）：76—79，88.

[16] 周兵，徐辉，任政亮.企业社会责任、自由现金流与企业价值 [J].华东经济管理，2016，2：129—135.

[17] 朱敏，施先旺，郭艳婷.企业社会责任动机：于公还是于私——基于中国上市公司盈余质量的经验证据 [J].山西财经大学学报，2014，11：87—99.

[18] 朱乃平，朱丽，孔玉生，等.技术创新投入、社会责任承担对财务绩效的协同影响研究 [J].会计研究，2014（2）：57—63，95.

[19] Barnett，M.L.Stakeholder Influence Capacity and the Variability of Financial Returns to Corporate Social Responsibility [J].The Academy of Management Review，2007，32（3）：794—816.

[20] Ayadi，M.A.，M.I.Kusy ＆ M.Pyo et al.Corporate Social Re-

sponsibility, Corporate Governance, and Managerial Risk – Taking [J]. Journal of Theoretical Accounting Research, 2015, 11 (1): 50—113.

[21] Brammer, S., A. Millington. Does It Pay to the Different? An Analysis of the Relationship between Corporate Social and Financial Performance [J]. Strategic Management Journal, 2008, 29 (12): 1325—1343.

[22] Caplan, D., S. K. Dutta & R. A. Lawson. Corporate Social Responsibility Initiatives Across the Value Chain [J]. The Journal of Corporate Accounting & Finance. 2013, 24 (3): 15—24.

[23] Davis, A. K., D. A. Guenther & Krull, L. K. et al. Taxes and Corporate Sustainability Reporting: Is Paying Taxes Viewed as Socially Responsible? [R] Working paper, University of Oregon, 2013.

[24] Davis, A. K., D. A. Guenther & Krull, L. K. et al. Do Socially Responsible Firms Pay More Taxes? [J] The Accounting Review, 2016, 91 (1): 47—68.

[25] Deegan, C., M. Shelly. Corporate Social Responsibilities: Alternative Perspectives About the Need to Legislate [J]. Journal of Business Ethics. 2014, 121 (4): 499—526.

[26] Delmas, M. A. Triangulating Environmental Performance: What do Corporate Social Responsibility Ratings Really Capture? [J]. The Academy of Management Perspective. 2013, 27 (3): 255—267.

[27] Green, K. Y., Simerly, M. C. An Investigation of Investor Reaction to Corporate Social Responsibility Motivation and Ethical Position in an Environmental Context [J]. Journal of Business & Accounting, 2017, 10 (1): 85—102.

［28］ Hong，B.，ZC. Li & D. Minor. Corporate Governance and Executive Compensation for Corporate Social Responsibility ［J］. Journal of Business Ethics.2016，136（1）：179—213.

［29］ Lanis，R.，G.Richardson.Is Corporate Social Responsibility Performance Associated with Tax Avoidance? ［J］. Journal of Business Ethics，2015，127（2）：439—457.

［30］ Lankoski，L. Determinants of Environmental Profit：An Analysis of the Firm – Level Relationship between Environmental Performance and Economic Performance ［M］.New York：New York University，2000.

［31］ Lau，CM.，Y.Lu & Q.Liang.Corporate Social Responsibility in China：A Corporate Governance Approach ［J］. Journal of Business Ethics.2016，136（1）：73—87.

［32］ Lauren，M.Empowering Women Through Corporate Social Responsibility：A Feminist Foucauldian Critique ［J］. Business Ethics Quarterly，2017，27（4）：603—631.

［33］ Manchiraju，H.S.Rajgopal.Does Corporate Social Responsibility Create Shareholder Value? Evidence from the Indian Companies Act 2013 ［J］.Journal of Accounting Research，2017，55（5）：1257—1300.

［34］ Mercedes，RF.Social Responsibility and Financial Performance：The Role of Good Corporate Governance ［J］.Business Research Quarterly，2016，19（2）：137—151.

［35］ Price，J.M.& W.Sun.Doing good and doing bad：The impact of corporate social responsibility and irresponsibility on firm performance ［J］.Journal of Business Research.2017，80，82—97.

［36］ Roman，L.，R.Grant.Outside Directors，Corporate Social Responsibility Performance, and Corporate Tax Aggressiveness: An Empirical Analysis [J].Journal of Accounting, Auditing & Finance, 2018, 33 (2): 228—251.

[37] Sun X., W.Li.The Influence of Tax Burden on CSR: Based on Empirical Evidence in Chinese Listed Companies [A]. International Conference on Education Research and Reform 2017 [C].Singapore: Singapore Management and Sports Science Institute, 2017, 155—159.

[38] Watson, L. Corporate Social Responsibility, Tax Avoidance, and Earnings Performance [J].The Journal of the American Taxation Association, 2015, 37 (2): 1—21.

[39] Yip, E., C.V.Staden & S.Cahan.Corporate Social Responsibility Reporting and Earnings Management: The Role of Political Costs [J].Australasian Accounting Business & Finance Journal. 2011, 5 (3): 17—33.

[40] Young, S., V.Thyil.Corporate Social Responsibility and Corporate Governance: Role of Context in International Settings [J]. Journal of Business Ethics.2014, 122 (1): 1—24.

[41] Zeng, T.Corporate Social Responsibility, Tax Aggressiveness, and Firm Market Value [J].Accounting Perspectives, 2016, 15 (1): 7—30.